50만 원에 산 비트코인
1억 원이 넘어도 안 파는 이유

100억대 자산가
최성락의 비트코인론

여리풀

50만 원에 산 비트코인
1억 원이 넘어도 안 파는 이유

비트코인에 대한 정치·경제·사회적 의미를
살펴보면 비로소 보이는 것

"공급은 유한한데 수요가 꾸준하다면
우리는 비트코인의 의미를 어떻게 해석해야 할까?"

들어가는 글

11년간 비트코인의 폭등과 폭락을
온몸으로 겪으며 알게 된 것

친구 몇 명과 비트코인에 대해 이야기한다. 이 친구들은 주식과 부동산에 다 투자하고 있다. 전업 투자자는 아니지만, 투자에 익숙해서 여러 투자 상품에 대해 잘 알고 있다. 하지만 비트코인 투자는 하지 않는다.

"나도 비트코인을 사고 싶긴 한데 얼마에 사는 게 적절한지 알 수가 없어서…."

"지금은 잘 거래되지만 그러다 만약 인기가 식으면 폭락할 거잖아."

"가격이 떨어지면 어디까지 떨어질지 알 수가 없어. 아무 가치가 없으니 정말 0원까지 떨어질 수도 있는 거잖아."

주식은 떨어진다 해도 한도가 있다. 한 주당 배당금 300원을 주는 주식이라면, 주가가 1만 원일 때 3%의 수익률이다. 만약 주가가

5000원이 되면 6% 수익률이 된다. 은행 이자가 2~3%인데 6%나 배당을 받을 수 있다면, 너도나도 이 주식을 사게 된다. 이런 주식이 떨어지면 높은 배당 수익률을 바라고 새로 주식을 사는 사람들이 생긴다. 그래서 이 주식은 암만 떨어져도 4000~5000원 이하 수준으로는 잘 떨어지지 않는다.

부동산도 마찬가지이다. 부동산에서 나오는 임대 수입이 있어서 일정 수준 이하로는 떨어지지 않는다. 임대 수입이 없더라도 부동산에는 공시지가가 있다. 시골 부동산이라면 모르겠지만, 웬만한 부동산은 공시지가 이하로는 떨어지지 않는다.

이렇게 보통 투자 상품들은 소위 핵심 가치라는 게 있다. 그 투자 상품이 주는 기본적 가치가 있어서, 만약 그 가치 이하로 떨어지면 항상 매수 세력이 유입된다. 이런 기본 수요층이 있어서 가격이 유지된다. 그런데 비트코인은 그런 게 없다. 핵심 가치가 없기 때문에 폭락할 때 매수할 수요층이 없다. 그러면 정말로 0원까지 갈 수 있다.

이런 비트코인의 예상되는 붕괴 과정을 가장 잘 지적한 이가 베스트셀러 《블랙 스완》의 저자 나심 니콜라스 탈레브이다. 나심 탈레브는 비트코인이 0원까지 폭락하는 과정을 논리적으로 설명한다. 비트코인 가격이 크게 떨어져서 더 이상 비트코인 생산으로 이익을 볼 수 없으면 채굴자들이 감소한다. 아직 시장에 남아 있는 채굴자는 가격이 더 떨어질 것을 걱정해서 보유하고 있던 비트코인을 투매하기 시작한다. 그러면 비트코인 가격은 더 내려가고 채굴자는 더 떠난다. 이런 악순환이 연쇄적으로 발생하면 결국 비트코인 가격은 폭락을 거듭하다가 0원으로 수렴하게 된다.

다른 투자 상품은 폭락하더라도 한계가 있다. 이익이 나는 회사, 이자를 지불하는 채권, 임대 수입이나 공시지가가 있는 부동산 등은 소위 핵심 가치가 있어서 일정 가격 이하로는 떨어지지 않는다. 그 가격 이하로 떨어지면 매수자들이 몰려들어 가격을 끌어올린다. 이 매수자들은 유행이나 추세를 따르지 않고 투자 상품의 본질적 가치를 따지는 가치 투자자들이다. 이런 핵심 투자자들이 기본 수요층으로 작용하면서 투자 상품의 기초 가격을 유지한다.

그런데 비트코인에는 그런 세력이 없다. 본질적 가치가 없어서 가치 투자자들이 매수하려고 달려드는 가격대가 없다. 핵심 수요자들이 존재하지 않으니, 정말로 무슨 일이 생기면 계속 떨어지기만 해서 0원까지 폭락할 수 있다. 그런 위험을 안고 비트코인에 투자하기는 어렵다. 투자에 밝은 친구들이 비트코인에 투자하지 못하는 이유였다.

그런데 정말 비트코인에는 본질적 가치나 핵심 수요자가 없을까? 가격이 대폭락하고 계속 하락하는 추세일 때, 그래도 비트코인을 사겠다고 달려드는 기본 수요층이 없을까? 일반 투자 상품에서 이야기하는 상품 가치, 유형적 가치가 없는 건 맞다. 하지만 비트코인을 보유했을 때 생길 수 있는 무형적 가치도 없을까? 만약 비트코인에 무형적 가치와 효용이 있다면, 그래서 비트코인에 대한 기본 수요층이 존재한다면 어떨까? 비트코인의 기본 수요층이 존재한다면, 즉 가격이 대폭락하고 앞으로도 하락할 것으로 예상되는 상황에서 오히려 비트코인을 더 구입하고자 하는 사람들이 다수 존재한다면 어떨까? 그러면 내 친구들도 비트코인에 대한 믿음이 생겨서 투자할 수 있을 것이다.

그렇다면 비트코인에는 기본 수요층이 존재할까? 기본 수요층을 끌어당기는 핵심 가치가 있을까? 나는 있다고 본다. 비트코인은 단지 돈을 벌 수 있는 투자 상품만이 아니다. 비트코인에는 사람들의 꿈과 이상을 상징하는 본질적인 무형적 가치가 있다. 비트코인에서 큰 효용감을 느끼는 핵심 수요층이 존재한다. 이 핵심 수요층이 존재하는 한 비트코인은 망하지 않을 것이다. 일정 가격 이하로 떨어지지도 않을 것이고, 어떤 상황에서도 흔들리지 않는 핵심 수요층의 힘으로 비트코인은 앞으로 한발 더 나아갈 것이다.

나는 이 책에서 핵심 수요층을 끌어들이는 비트코인의 무형적 가치가 무엇인지 살펴보고자 한다. 어떤 사람들이 비트코인을 찾고 가격이 폭락해도 여전히 지지하는지, 비트코인이 이들에게 도대체 어떤 의미가 있고 어떤 가치를 주는지 살펴본다. 비트코인에도 핵심 지지층이 있다는 것을 이해하면, 비트코인에 대한 투자 행태도 많이 달라질 것이다.

내가 비트코인에 대해 이런저런 말을 할 자격이 있을까, 하는 생각이 들기도 한다. 난 비트코인 전문가가 아니다. 프로그램, 코드에 대해 전혀 모르고, 생산 방법에 대해서도 아는 게 없다. 문과생이 컴퓨터 프로그램인 비트코인에 대해 아는 게 뭐가 있겠는가.

그럼에도 내가 이 책을 집필하게 된 데는 이유가 있다. 난 2013년에 비트코인을 책으로 처음 알게 되었고, 2014년에 비트코인을 개당 50만 원에 20개를 구입했다. 그리고 2025년 현재까지 그 대부분을 계속 보유하고 있다. 직접 소유하고 있으면 관심을 가지게 된다. 비트코인에 대한 이야기, 뉴스를 계속 확인하고 점검한다. 11년간 계속해서 보유하고 있었다는 건, 11년간 계속해서 비트코인을 봐왔다는 이야기이기도 하다. 그사이 비트코인의 폭등과 폭락(반토막 난 것만 무려 6회나 된다)을 모두 경험했다. 비트코인 기술에 대해서는 모르지만, 어쨌든 11년간 비트코인의 등락을 직접 몸으로 겪으며 다양한 이야기를 들어왔으니, 그래도 비트코인에 대해 몇 마디 할 자격은 있을 것이다.

비트코인을 단기간에 사고파는 사람들, 한때 보유했지만 몇 년 안 있어 판 사람들은 많이 봤지만, 10년 이상 들고 있는 사람은 아직 나 말고는 직접 본 적이 없다. 다른 사람들은 충분한 이익을 보면 팔고 나가는데, 난 왜 반토막 나는 경험을 그렇게 많이 하면서도 계속 비트코인을 가지고 있을까. 사실 난 비트코인에는 기본적 가치가 있다고 생각하는 사람이고, 앞에서 이야기한 핵심 수요층에 해당한다. 내가 생각하는 비트코인의 기본적 가치와 핵심 수요층의 생각, 그 이야기를 해보려 한다.

2025년 7월
저자 씀

목차

들어가는 글
11년간 비트코인의 폭등과 폭락을 온몸으로 겪으며 알게 된 것   004

 1장 경제적 자유주의와 비트코인

경제학자들은 왜 비트코인을 싫어하는가	014
그래도 비트코인은 경제 이론에 들어맞는다	019
온라인 게임 〈리니지〉의 게임 머니, 아덴	024
금, 달러, 그리고 비트코인	029
원화냐 비트코인이냐	035
정부가 디지털 화폐를 발행하면 비트코인은 사라질까	041
쇠퇴하는 달러, 비트코인은 새로운 기축통화가 될 수 있을까	047

 2장 정치적 자유주의와 비트코인

비정부 자유주의의 상징, 비트코인	056
동양과 서양, 그 권력 범위의 차이	060
국가의 권한에서 벗어나 있는 것들	066
인터넷은 국가로부터 독립된 공간이 될 수 있는가	072
세계정부, 국민국가, 그리고 비트코인	077
분권 vs 집권, 워싱턴 컨센서스 vs 베이징 컨센서스	083

3장 비트코인에 대한 인식 변화

비트코인에 대한 인식 변화	092
・1기: 비트코인의 탄생~2017년 대폭등	094
・2기: 2017년 대폭등~2025년 트럼프 정권 이전	097
・3기: 2025년 트럼프 정권 이후	103
한국의 가상자산 관련 법규와 제도의 미래 1	108
한국의 가상자산 관련 법규와 제도의 미래 2	114
비트코인 ETF가 의미하는 것, 주 수요층의 변화	120

4장 투자 대상으로서의 비트코인

비트코인이 주목받는 가장 큰 이유	130
공급량이 한정된 21세기 최고의 투자 상품	135
워런 버핏, "비트코인, 25달러라도 안 산다!"	141
비트코인의 변동성은 정말 문제가 안 될까	146
성공적인 비트코인 투자에 꼭 필요한 것	152
비트코인 마니아는 존재하는가	158
그래서 비트코인 투자는 어떻게 해야 하는가?	164

5장 비트코인에 대한 비관론

비트코인은 범죄에 활용된다?	172
비트코인은 환경을 파괴한다?	178
양자컴퓨터가 나오면 비트코인은 망한다?	183

비트코인은 튤립 버블과 닷컴 버블의 길을 갈 것이다?	188
성능이 더 좋은 가상자산이 나오면 비트코인은 대체된다?	194
비트코인의 가격은 언젠가 0에 수렴할 것이다?	200

6장 그래도 비트코인인 이유

비트코인은 알트코인과 무엇이 다른가	208
비트코인은 국제 상품이다	214
신기술 블록체인은 미래를 바꿀 것인가?	220
비트코인은 디지털 시대의 지위재	226
비트코인은 작가가 사망한 예술 작품	232
비트코인은 우리의 한계를 비춰주는 거울	238
비트코인의 미래를 가르쳐주는 나라	244

나가는 글
나 같은 사람이 있는 한, 비트코인은 계속 살아남을 것이다   251

1장

경제적 자유주의와 비트코인

BITCOIN

경제학자들은
왜 비트코인을 싫어하는가

비트코인의 가치를 전혀 인정하지 않는 사람들이 많다. 그중에서도 유별나게 부정하는 이들이 있다. 바로 경제학자들이다. 경제학자가 큰 비중을 차지하고 있는 정부의 금융정책 담당자들도 비트코인을 인정하지 않는다. 그래서 이런 말도 있다.

"경제학자와 비트코인에 대해 이야기하지 마라."

경제학자는 무조건 부정하며 반대할 것이고, 어떻게 말해도 결론은 정해져 있으니 힘들게 이야기할 필요가 없다는 이야기이다.

노벨 경제학상을 받고 〈뉴욕타임스〉 칼럼니스트로도 오랫동안 활동한 폴 크루그먼Paul Krugman은 "비트코인은 경제적으로 쓸모가 없다. 예외가 있다면 자금 세탁과 금전 갈취 행위 정도이다"라고 했다. 비트코인 초창기에 한 말이 아니라, 2024년에 한 말이다. 이때

만이 아니라 그동안 계속해서 비트코인 무용론을 이야기해왔다. 마찬가지로 노벨 경제학상을 받은 유명 경제학자 유진 파마Eugene Fama도 비트코인의 가격은 0원이 될 거라고 예언했다. 가치가 매우 변동적이기 때문에 교환 수단으로 살아남을 수 없다는 이유에서이다.

비트코인 폭락론자로 유명한 뉴욕대 누리엘 루비니Nouriel Roubini 교수도 경제학자이다. 주기적으로 계속해서 비트코인이 폭락할 거라는 전망을 내놓는다. 이런 유명 경제학자들뿐만 아니라 보통의 경제학자, 특히 금융과 관련된 경제학자들은 모두 비트코인에 대해 극히 부정적이다.

이렇게 유명 경제학자들이 비트코인을 부정하는 이유는 뭘까? 경제학에는 크게 두 가지 흐름이 있다. 사회에 대한 정부의 개입은 최소화해야 한다는 입장과 공공 이익을 위해 정부가 최대한 개입해야 한다는 입장이다.

경제학에서 이런 시각 차이는 고전주의와 케인스Keynes주의로 대표된다. 경제학은 원래 정부가 경제에 최소한으로 개입해야 한다는 생각에서 탄생했다. 경제학이 탄생하기 이전, 유럽은 중상주의 시대였다. 정부가 경제에 적극적으로 개입해 산업을 진흥시켜야 한다는 주장이다. 각 나라는 중상주의에 따라 자국의 산업을 보호하고, 외국 생산물의 수입을 금지하는 방식으로 경제 정책을 시행했다. 일반적으로 경제학의 시작은 애덤 스미스Adam Smith의 《국부론》이 발간되면서부터로 본다. 애덤 스미스는 《국부론》에서 경제에 대한 정부의 개입은 오히려 해롭다고 보았다. 정부가 경제에 개입하지 않고 시민들이 자유롭게 경제활동을 하면 더 잘살 수 있다. 국방, 치안, 외교, 조세 등 몇몇 분야만 정부가 관장하고 나머지 분야는 개입하지 않아야 나라 경제가 더 좋아질 수 있다. 즉 '보이지 않는 손'의 기능이다. 경제학은 바로 이런 정부의 경제 비개입주의, 자유주의의 시각에서 출발했다. 소위 '고전주의'이다. 19세기 자본주의는 이런 고전주의의 자유 경제 사상에서 형성되고 발전한다.

자유방임주의적 자본주의가 발전하면서 이에 대한 반발이 일어난다. 자유방임주의 경제에서는 일반 근로자, 노동자들의 삶이 더 나빠지는데, 이를 해결하기 위해서는 정부가 적극적으로 개입해야 한다는 주장이다. 이런 입장은 카를 마르크스Karl Marx의 《자본론》에서 유래한 사회주의, 공산주의에서 극대화된다. 공산주의에서는 정부가 경제의 모든 것을 결정한다. 어떤 품목을 얼마나 생산할 것인지, 그리고 그걸 누가 얼마나 소비할 것인지도 정부가 결정한다. 근로자의 임금이 어느 정도여야 하는지도 당연히 정부가 정하고, 심지어 어디에 살고 어떤 직업을 가질지도 정부가 정한다. 경제에 대한 정부의 역할이 극대화된 것이 공산주의이다.

공산주의는 너무 극단적이었다. 하지만 경제에 정부가 적극적으로 개입해야 한다는 공산주의 사상의 영향을 받아 새로운 경제 사조가 등장한다. 자유주의 경제를 기반으로 하되, 정부가 경제를 방임하지 않고 적극적으로 안정화하는 정책을 실시해야 한다는 주장이다. 1936년에 발간된 케인스의 《고용·이자 및 화폐의 일반 이론》에서 이런 주장이 학문적으로 정리되었다. 그래서 정부가 경제에 개입해 조정해야 한다는 입장을 '케인스주의'라고 부른다. 1930년대부터 1970년대까지의 경제학은 케인스주의자들이 거의 지배하다시피 했다.

1970년대, 세계 경제는 어려움에 빠진다. 인플레이션과 실업률이 같이 오르는 스태그플레이션 상황에서 케인스 경제학은 탈출구를 찾을 수 없었다. 정부가 아무리 여러 정책을 시행해도 경제는 나아지지 않고 점점 더 어려워져갔다. 이런 상황에서 새로운 해결책으로 등장한 것이 고전주의 경제학이다. 정부 개입이 너무 많아서 경제가 어려운 거니, 쓸데없이 정부가 개입하지 않으면 경제는 더 나아질 거라는 주장이다. 새롭게 나타난 고전주의 사상이기 때문에 '신고전주의'라고 한다. 이런 입장을 대표하는 학자가 프리드리히 하이에크Friedrich Hayek와 밀턴 프리드먼Milton Friedman이다. 1980년대부터 미국과 영국을 시작으로 정부의 경제 개입을 줄이는 자유주의적 정책이 시행됐고, 경제는 다시 나아지기 시작했다. 소위 '신자유주의 시대'이다.

신자유주의는 1970년대의 경제적 어려움을 극복해냈지만, 빈부격차가 증대되고 근로의 안정성이 낮아지는 등의 부작용도 낳았다. 그 이후로 경제학은 정부가 적극적으로 개입해야 한다는 주장과 소극적으로만 개입해야 한다는 주장이 계속해서 맞서고 있다.

경제학자 중에는 고전주의적 시각을 가진 사람도 있지만 실제 경제 정책을 담당하는 정부의 경제학자들, 또는 정부가 이러저러해야 한다고 주장하는 경제학자들은 케인스주의자들이 절대적으로 많다. 그래서 실제 경제 정책은 케인스주의자들에 의해 기획되고 집행된다. 현실적으로 케인스주의자들의 힘이 압도적이다. 수많은 경제 정책이 발표되고 시행되는 이유이다.

그렇다면 고전주의-자유주의와 케인스주의 입장에서 비트코인은 어떤 위치인지를 살펴보자. 비트코인은 기본적으로 정부의 간여에서 벗어나고자 하는 생각에서 탄생했다. 정부가 화폐 시장, 금융 시장에 개입하는 것에 반대하면서, 정부 재량에 따라 임의로 조정할 수 없는 화폐 대체품으로 발명된 것이 비트코인이다. 비트코인은 생산량이 정해져 있어 정부가 늘리거나 줄일 수 없다. 생산 속도도 정해져 있어, 정부가 요구한다고 해서 더 빨리, 혹은 더 늦게 생산할 수도 없다. 비트코인은 정부의 개입을 최소화하는 것을 이상으로 한다. 따라서 비트코인은 정부가 개입하지 않는 자유주의 사상을 바탕으로 한다. 정부가 간여할 수 없는 자유주의 사상의 결정체가 바로 비트코인이다.

그렇다면 어떤 경제적 입장을 가진 사람이 비트코인을 긍정적으로, 혹은 부정적으로 볼까? 자유주의적 시각을 가진 사람, 정부 역할에 부정적인 사람은 비트코인에 긍정적이다. 이에 반해 정부 역할에 긍정적인 사람, 정부가 강력히 사회에 개입해야 한다고 생각하는 사람은 비트코인에 부정적이다. 그런데 케인스를 따르는 경제학자는 정부의 역할을 굉장히 중요하게 생각하면서 정부 곳곳에서 일하고 있다. 많은 경제학자들이 비트코인을 부정적으로 보는 근본적 이유이다.

# 그래도 비트코인은
경제 이론에 들어맞는다

경제학은 크게 미시경제학과 거시경제학으로 구분된다. 미시경제학은 개개인과 기업의 경제활동을, 거시경제학은 국가의 경제 운용을 다룬다. 그런데 거시경제학에서 국가 경제를 다루는 수단은 두 가지이다. 하나는 재정정책이고 또 하나는 금융정책이다. 재정과 금융 정책을 조화롭게 사용하여 국가의 경제적 목표를 달성하고자 하는 게 거시경제학의 목적이다.

재정정책은 세금과 정부 지원금을 활용하는 정책이고, 금융정책은 화폐를 통한 정책이다. 화폐를 많이 풀면 이자율이 낮아지고 경기가 활성화된다. 적게 풀면 이자율이 높아지고 경기가 어려워진다. 경기가 활성화되고 있는데 화폐를 풀지 않으면 경제 성장이 더뎌진다. 경제 상황에 맞게 적절하게 화폐를 풀어야 한다. 그러나 그렇다고 화폐를 지나치게 풀면 인플레이션이 발생한다. 적절한 양을 적절한 시점에 풀어야 한다. 금융정책은 이렇게 화폐를 이용해서 국가경제를 움직이려 한다. 이것을 연구하는 것이 경제학의 화폐금융론이다.

이런 거시경제학과 화폐금융론의 시각에서 볼 때 비트코인은 화폐가 될 수 없다. 아니 되어서는 안 된다. 화폐금융론은 기본적으로 정부가 화폐의 공급과 수요를 조절할 수 있다는 것을 전제로 한다. 정부가 원할 때 화폐 공급을 늘리고 줄일 수 있어야 한다. 그래야 정책적 효과가 나타난다. 정부가 발행하는 현금뿐만이 아니라 수표, 예금, 신용카드 등도 모두 화폐에 포함된다. 정부는 정책을 통해 이런 현금이나 현금성 자산의 공급량에 영향을 미칠 수 있다. 정부가 화폐량에 영향을 미칠 수 있어야 금융정책에 의미가 있다. 그렇지 않으면, 금융정책 자체가 성립될 수 없다.

이런 시각에서 볼 때 비트코인은 금융정책에 심각한 문제를 낳는다. 비트코인은 공급량이 전혀 통제되지 않는다. 전체 공급량은 2100만 개로, 또 신규 공급분의 양과 시기도 이미 정해져 있다. 정부는 화폐의 공급량을 조절하면서 금융정책을 시행하는데 비트코인은 공급량 조절이 되지 않는다. 비트코인의 세계에서는 금융정책이 아무 효과도 발휘할 수 없다.

비트코인 발명자 사토시 나카모토Satoshi Nakamoto가 비트코인을 이런 식으로 만든 것은 바로 금융경제학자들이 화폐량을 조절하는 것에 반대했기 때문이다. 2008년 세계 경제위기가 발생했다. 세계 경제위기는 보통 금융 분야에서 발생한다. 2008년의 경제위기도 금융 때문이었다. 정부가 너무 많은 돈을 풀고 또 그 관리를 잘못했기 때문에 금융위기가 발생하는 것이다. 그래서 나카모토는 정부의 재량으로 돈이 늘고 줄지 못하게 아예 발행량이 고정되고 증가량도 처음부터 정해진 대로만 움직이는 시스템을 만들었다. 그것이 비트코인이다. 원래 태생적으로 비트코인은 금융정책에 반대해서 나온 것이다.

경제학자들이 비트코인에 부정적인 것은 충분히 이해할 수 있다. 비트코인을 화폐로 인정하고 받아들이면 현대 경제학의 중요한 축인 거시경제학의 기반이 무너진다. 그중에서도 특히 정부의 금융정책 관계자, 그리고 거시경제학 전공자들에게 비트코인은 치명적이다. 비트코인이 정말로 화폐를 대체하게 되면 이들은 할 일이 없어진다. 언제 어떻게 얼마나 화폐량을 증가시키고 감소시킬 것인가가 그동안 해온 일인데, 비트코인 시스템에서는 이런 논의 자체를 할 수 없다. 비트코인이 현실의 화폐를 대체하면, 이들은 정말로 밥줄이 끊긴다. 자기 생존에 영향을 미치는 파급력을 가지고 있다. 다른 사람들이 아무리 비트코인을 인정하고 긍정적으로 보더라도, 금융정책 관련자, 경제학자들이 비트코인에 대해서 계속 부정적으로 이야기하는 것은 충분히 이해할 수 있다.

그러나 이런 현실적인 이유를 인정하더라도, 나는 경제학자들이 비트코인을 부정하면서 그저 투기 버블일 뿐이라고 비판하는 것은 부당하다고 본다. 다른 전공자들이 비트코인은 실체가 없고 객관적인 가치가 없다고 비판하는 것은 차라리 괜찮다. 하지만 경제학자들이 비트코인의 가격을 비판하는 것은 정말 말이 안 된다고 생각한다.

경제학은 '가격이 어떻게 형성되는가'에서부터 시작된 학문이다. 경제원론, 경제학개론은 항상 그 이야기에서부터 시작된다. "가격은 수요와 공급에 의해서 결정된다." 이것은 전 세계 경제원론 교재의 첫머리에 나오는 말이다. 가격은 본원적 가치에 의해서 결정되는 게 아니다. 수요와 공급에 의해 정해진다. 따라서 비트코인에는 내재한 가치가 없기 때문에 가격이 높게 형성될 수 없다는 비판은 경제학적 관점에서는 완전히 틀린 말이다.

정부가 지정한 화폐만이 화폐의 자격을 갖출 수 있는데, 비트코인은 정부가 인정하지 않으니 화폐로 인정할 수 없다는 주장도 마찬가지이다. 다른 전공자라면 이런 주장을 할 수 있다. 하지만 경제학자가 이런 주장을 하는 것은 어불성설이다. 모든 화폐금융론 교재 앞부분에는 화폐가 무엇인지 서술되어 있다. 화폐는 지불 수단의 기능, 가치 저장 기능, 가치 척도의 기능을 가진다. 이 세 가지 기능을 가지고 있으면 화폐이다. 국가가 화폐로 인정해야 화폐라는 이야기는 화폐금융론에 한마디도 안 나온다. 국가가 화폐로 인정한 것은 '법정화폐'라고 해서 별도의 화폐 유형으로 본다. 그런데 경제학자, 특히 금융학자가 비트코인은 법정화폐가 아니라는 이유로, 즉 국가가 인정하지 않고 인정할 수도 없다는 이유로 화폐가 될 수 없다고 한다. 이들은 화폐금융론에서 이야기하는 화폐를 말하지 않고, 법정화폐만 이야기한다. 화폐금융론을 전혀 배우지 않은 사람들처럼 말이다.

나는 대학 전공이 경제학이다. 그 입장에서 볼 때 다른 사람은 몰라도 경제학자가 비트코인은 아무 가치가 없다며 그 가격을 인정하지 않고 투기라고 비판하는 것, 화폐가 아니고 될 수도 없다고 주장하는 것은 이해하기 힘들다. 경제원론의 '가격은 가치가 아니라 수요와 공급에 의해 결정된다'는 원리에 따르면 비트코인의 가격에는 아무 문제가 없다. 화폐금융론의 원칙적인 화폐 정의에 따르면 비트코인이 화폐라는 데 이견이 있을 수 없다. 대학에 처음 들어가서 배운 경제원론과 화폐금융론의 첫 부분에 뭐라고 되어 있는지를 이들이 잊어버린 것이라고밖에는 생각할 수 없다.

 # 온라인 게임 〈리니지〉의 게임 머니, 아덴

1999년, 서울의 한 경찰서에 사기 사건이 접수되었다. 당시 한국에서 크게 유행했던 온라인 게임 〈리니지〉의 아이템과 관련해 사기를 당했다는 내용이었다. 다중 접속 역할 수행 게임MMORPG인 〈리니지〉의 게임 속 시·공간은 24시간 내내 진행된다. 게임 속에서 사람들은 사냥이나 전투, 장사 등을 하고 커뮤니티 활동도 한다. 사냥이나 전투에는 무기가 필요하다. 보통은 사냥을 해서 무기를 구하는데, 이 게이머는 다른 게이머에게서 무기를 사기로 했다. 상대방에게 돈을 보내고 게임 안에서 만나 무기를 받기로 했는데, 상대방은 돈만 받고 무기는 건네주지 않았다.

게임 속에서 무기 아이템을 넘겨주면서 동시에 현금을 받을 수는 없다. 아이템은 게임 안에서, 현금은 현실 세계에서 받아야 한다.

그런데 돈을 받은 캐릭터가 게임 안에서 사라져버렸다. 그래서 무기를 받을 수 없게 된 이 게이머가 경찰에 고소한 것이다. 한때 한국 사회를 떠들썩하게 했던 온라인 게임 아이템 거래에 대한 최초의 사기 사건이었다.

경찰서에서는 이것이 사기 사건이 맞는지부터 고민한다. 형사 사건이 되기 위해서는 '재산'에 대한 사기여야 한다. 그런데 이 사건에서의 대상물은 온라인 게임 속의 아이템이다. 온라인 게임의 아이템이 재산이 될 수 있는가? 이것이 재산이라면 돈을 받고 아이템을 주지 않은 사건은 범죄가 될 수 있다. 하지만 게임 아이템이 재산이 아니라면 범죄가 성립되지 않는다. 온라인 게임의 아이템은 단지 컴퓨터 프로그램의 전자적 신호에 불과하다. 실체가 있는 게 아니고 실제로 볼 수도 없다. 게임에 접속해야만 시각적으로 나타나는 전자 신호일 뿐이다. 그런데 그런 전자 신호에 불과한 것을 현금을 주고 사려 했다. 경찰은 어떻게 처리해야 할지를 몰랐다.

이 사건에서는 무기 아이템이 문제였지만, 이 당시에는 이미 〈리니지〉 내에서 사용하는 게임 머니인 '아덴'을 게이머들끼리 현금으로 사고파는 게 일상화되어 있었다. 게임에서 사냥을 하면 그 보수로 아덴을 얻을 수 있다. 이 아덴으로 게임에 필요한 여러 도구를 산다. 아덴이 부족한 사람은 현금을 주고 아덴을 샀고, 아덴이 충분한 사람은 돈을 받고 팔았다. 나중에는 아덴을 사고파는 중개 사이트까지 만들어져 게이머들이 이 사이트에서 아덴이나 무기를 현금으로 거래했다.

사람들이 게임 머니 아덴을 현금으로 사고파는 현상은 법률적으로 큰 이슈가 되었다. 게임 머니는 과연 재산인가 아닌가. 게임 머니의 재산적 성격을 인정해야 하는가 말아야 하는가. 이때까지의 상식으로 보면 게임 머니는 절대 재산이 될 수 없었다. 게임 회사의 서버 속 전자적 기록이 어떻게 재산이 될 수 있는가. 게임 머니는 재산이 아니라는 게 절대다수의 의견이었다. 문제는 재산이 아닌 게임 머니가 현실에서 현금으로 거래되고 있었다는 점이다. 그리고 게임 머니를 대상으로 실제 사기, 절도 등의 사건이 발생하고 있었다. 게임 머니의 법적 성격은 무엇인가, 재산인가 아닌가. 당시 이 문제는 논문의 주요 주제가 되기도 했다.

형사적으로 이것을 어떻게 처리해야 하는지도 문제였지만, 이 게임 머니 거래는 사회적으로도 큰 이슈가 되었다. 〈리니지〉의 게임 머니 관련 사기 사건이 계속 발생했고, 그 액수도 몇만 원, 몇십만 원 수준을 넘어 몇백만 원 규모의 거래도 다수 나타났다. 심지어 1000만 원이 넘는 건도 있었다. 그래서 온라인 게임 머니 거래는 사회적으로 문제가 되었다.

게이머가 아닌 사람들 대부분은 이에 대해 비판적이었다. 게임 머니는 형태가 없다. 실제 존재하는 것이 아니다. 그런데 왜 아무 실체도 없는 것이 현금으로 거래되는가. 게임 머니와 아이템은 게임 안에서만 이용될 뿐, 현실적으로는 아무 가치가 없다. 아무 가치도 없는 것이 몇백만 원에 거래된다는 건 정상이 아니다. 아이템을 사고파는 젊은이들은 제정신이 아니고, 합리적인 판단을 하지 못하고 있다. 게임 세계와 현실 세계도 구분하지 못하는, 정말이지 한심한 이들이다. 비록 아이템 거래가 점점 확대되고는 있지만, 결국에는 다 사라질 것이다. 이런 말도 안 되는 비이성적 행태가 언제까지 계속될 리가 없다.

컴퓨터 프로그램의 전자 신호에 불과한 게 어떻게 재산이 될 수 있느냐는 비판, 실체가 없고 보고 만질 수도 없는데 어떻게 거래될 수 있느냐는 논쟁, 아무 가치가 없는 허상에 불과하다는 논의, 최근 어디에선가 들어본 적 있지 않은가. 비트코인에 대한 비판이 이 온라인 게임의 아이템 거래에 대한 비판과 거의 같지 않은가.

온라인 게임의 아이템 거래는 새로운 현상이었다. 인터넷이 보급되고, 온라인 게임이 새로 개발되면서 그동안 없던 현상이 나타났다. 온라인 게임을 하는 사람에게 아이템 거래는 특별한 게 아니었다. 하지만 그 게임을 하지 않는 사람에게는 이해할 수 없고 말도 안 되는 사건이었다. 그러나 주류의 사람들이 인정하지 않는다고 해서 아이템 거래가 사라진다거나 하지는 않았다. 〈리니지〉의 아이템들은 그 이후 25년이 지난 아직까지도 계속 거래되고 있다.

비트코인도 인터넷에서 블록체인이라는 기술을 통해 새로 나타난 현상이다. 컴퓨터 암호 전문가들 사이에서 유행하다가 일반 사회에까지 파급되었다. 그리고 일반 사회로 넘어오면서 비트코인이 도대체 무엇이냐, 가치가 있는 것이냐는 논쟁에 불이 붙는다. 많은 사람에게 비트코인 논쟁은 새로운 문제로 보이겠지만, 1999년부터 약 10년간 이어진 〈리니지〉에 대한 논쟁을 기억하고 있는 나에게는 전혀 새롭지 않다. 인터넷 기반의 물리적 실체가 없는 새로운 것이 나올 때마다, 사회 주류가 보이는 전형적인 반응일 뿐이다.

〈리니지〉 게임 머니 아덴이 겪어온 지난 시간들을 돌아보면 비트코인과 관련해서 많은 시사점을 얻을 수 있다. 화폐는 주류 사회에서 화폐로 인정받아야만 이용될 수 있는 게 아니다. 사회에서 화폐로 인정하건 말건 〈리니지〉 게이머들은 아덴을 실제 화폐처럼 가치 있는 것으로 여겼고, 화폐로서 거래했다. 제도가 정비되어야만 하는 것도 아니다. 온라인 게임 아이템이 정확히 무엇인지에 대해서는 아직까지도 사회 제도로 제대로 정비되지 못했다. 그러나 사람들 사이에서 거래되는 데는 아무 문제가 없다. 형태가 없는 것은 재화가 될 수 없다는 것도 거짓말이다. 게임 머니는 형태는 없지만 25년 넘게 아무 문제 없이 계속 거래되고 있다.

사실 인터넷 속 가상 화폐라는 개념을 세상에 처음 제시한 것이 〈리니지〉였다. 전자 신호에 불과한 게임 머니가 실제 현실에서도 재산적 가치를 가지고 거래될 수 있다는 건 〈리니지〉를 통해 알게 된다. 젊었을 때 MMORPG를 접한 적이 없어서 가상세계를 잘 모르는 사람들, 〈리니지〉 게임 머니를 이해할 수 없던 사람들은 지금도 비트코인을 이해하기 어려워한다. 하지만 젊어서 〈리니지〉의 게임 머니, 그리고 〈리니지〉 이후 여러 게임에서 도입한 게임 머니를 접해 온 사람들에게 비트코인은 그리 어렵고 복잡한 게 아니다. 비트코인이 화폐냐 아니냐에 대한 논쟁은 시간이 흘러 사회 주류 세대가 바뀌면 저절로 별문제가 아니게 될 것이다.

 # 금, 달러, 그리고 비트코인

현재 금융기관에서 기본 비축 자산으로 인정하는 것은 두 가지로, 금과 달러이다. 각국의 중앙은행, 금융기관은 일정 금액 이상의 자산을 항상 비축해둬야 하는데, 그 비축 자산의 두 축이 금과 달러이다. 금과 달러는 언제든 자국 통화와 바꿀 수 있고, 특히 다른 나라에 지불하는 수단으로 사용할 수 있다. 세계 어떤 나라든 금이나 달러를 지불하면 우리가 원하는 상품을 내준다. 한 나라의 화폐는 자국 내에서만 쓰일 뿐이다. 다른 나라에서도 마음대로 쓸 수 있는 화폐는 달러뿐이다. 물론 지금은 한국의 원화도 동남아 등에서 쓸 수 있다. 하지만 환전 수수료가 굉장히 높다. 원화를 현지 화폐로 바꾸려면 수수료가 5%가 넘는다. 가만히 앉아서 5%의 가치 상실을 감수해야만 환전이 가능하다. 그래도 이건 괜찮은 편이다. 몇십 년 전

만 해도 한국의 원화는 다른 나라에서 아예 환전이 안 되었다. 국제적으로 위상이 있는 나라의 돈일수록 수수료가 낮다. 그래서 달러의 환전 수수료가 가장 낮다. 달러가 가장 안전한 자산이라고 하는데는 그런 이유도 있다.

그럼, 달러와 금 중에서는 어떤 게 더 우수한 자산일까? 국가 위기 상황에서는 달러와 금 중 어떤 걸 가지고 있어야 할까? 금은 2000년 넘게 가치 있는 자산으로 인정받아왔다. 그러니 금이 더 우수한 자산 아닐까. 미국은 달러를 계속 찍어내서 달러 가치가 계속 하락하고 있다. 이렇게 가치가 계속 떨어지는 미국 달러보다는 금이 더 우수한 자산 아닐까.

그럴 것 같은데 아니다. 금보다는 달러가 더 우월하다. 세계에는 금융시스템이 붕괴되어 자기 나라 통화를 믿을 수 없는 나라가 많다. 하이퍼인플레이션이 발생하면 오늘의 100만 원이 내일은 50만 원 가치로 떨어진다. 이런 나라에서는 자국 화폐를 받지 않으려 한다. 받아봤자 며칠 지나면 휴지 조각이 되어버릴 가능성이 크다. 이럴 때 지불 수단으로 선호되는 게 금과 달러 같은 자산이다.

그런데 막상 이런 나라들의 현실을 보면, 금은 잘 거래되지 않는다. 금값을 제대로 파악하기 힘들어서가 아니다. 금 1그램이 몇 달러인지는 세계적으로 매일 발표된다. 사는 사람이나 파는 사람 모두 금값을 알고 있다. 인터넷이 잘 안 통하는 밀림 오지에서도 금의 시세는 안다. 우리나라에서는 원화를 신뢰하고 금을 거래할 일이 별로 없어서 금값을 매일 챙기는 사람이 거의 없다. 그러나 금을 화폐 대용으로 써야 하는 나라에서는 금의 시세를 제대로 파악하고 있다. 하지만 그렇게 시세를 정확히 알아도 금으로는 거래가 잘 이뤄지지 않는다. 왜 그럴까? 사기의 가능성이 높기 때문이다. 금 가격은 금 함량에 따라 다르다. 99% 순도의 금, 90% 순도의 금, 80% 순도의 금은 모두 가격이 달라야 한다. 그런데 이 순도를 파악하는 게 힘들다. 사람들은 금에 다른 금속을 섞어 순도를 낮추고 무게를 높인다. 이걸 파악할 수 있는 기술자만 제대로 금 거래를 할 수 있다. 이런 어려움 때문에 (가장 중요한 자산이라 일컬어지지만) 금은 실제 거래에서 잘 사용되지 않는다. 그래서 금융시스템이 제대로 돌아가지 않는 나라에서 선호되는 자산은 달러이다. 자국 화폐를 사용하기 꺼리는 나라에서는 금보다는 달러가 주로 사용된다.

그런데 달러도 문제가 있다. 금융 자유화가 이루어지지 않은 나라, 즉 금융 통제가 심한 나라에서는 달러 소유를 적극적으로 규제한다는 점이다. 이런 나라에서 달러 사용은 불법이다.

달러는 일반 개인만이 아니라 국가에도 필요하다. 국가가 필요한 상품을 외국에서 들여오기 위해서는 달러가 있어야 한다. 그런데 가난한 독재 국가에서는 달러가 부족하다. 국가도 부족한 달러를 일반 개인이나 회사가 맘대로 쓰는 꼴을 볼 수 없다. 이런 나라에서는 국가가 적극적으로 달러를 관리한다. 개인이나 회사가 달러를 보유할 수 없도록 하고, 모든 달러는 국가만 보유한다. 1970년대 한국의 대기업들은 수출을 해서 달러를 벌게 되면, 그 달러를 바로 은행에 입금해서 원화로 바꾸어야 했다. 회사가 달러를 그대로 보유하고 있는 것이 허용되지 않았다. 한국에서 일반인들이 마음대로 달러를 보유할 수 있게 된 건 그리 오래된 일이 아니다. 중국에서는 지금도 기업이 수출을 해서 달러를 벌어오면 그걸 위안화로 바꾸어야만 한다. 북한을 방문한 외국인 관광객은 달러를 북한 화폐로 바꿀 수는 있지만, 사용하고 남은 북한 화폐를 달러로 바꿀 수는 없다. 이렇듯 많은 나라에서 일반인들의 달러 보유, 달러 사용은 불법이다. 달러는 오로지 권력자만 가질 수 있는 자산이다.

그런데 이런 나라들에서 새로운 자산 수단으로 대두된 것이 바로 비트코인이다. 비트코인은 금과 달러의 단점을 보완해준다. 일단 금의 가장 큰 문제는 정확한 함량을 알기 어려워서 그 가격을 제대로 파악하기 힘들다는 점이다. 그런데 비트코인은 소수점 8자리까지 표시된다. 정확히 얼마인지 쉽게 알 수 있다. 비트코인 가격은 변동성이 크기 때문에 문제라는 비판이 있기는 하다. 하지만 이런 나라에서는 비트코인의 가격 변동보다, 자국 화폐의 가치 변동이 훨씬 더 크다. 자국 화폐보다는 비트코인의 가격 변동이 훨씬 적다. 더구나 자국 화폐는 가치가 떨어지기만 할 뿐이다. 비트코인의 가치는 떨어질 수도 있지만 오를 수도 있다. 그리고 금도 매일 그 가치가 변동한다. 금보다 더 변동성이 있기는 하지만, 가치를 파악할 수 없는 금보다는 그래도 비트코인이 더 나은 거래 수단이 된다.

비트코인으로 거래할 때는 10분 이상 기다려야 하는 단점도 있다. 그런데 금으로 거래할 때도 금 함량을 조사하고, 무게를 정확히 재는 데 상당한 시간이 걸린다. 금 거래소에 금을 팔러 가보면, 금

전문점인데도 금을 팔고 화폐를 받는 데 시간이 꽤 많이 걸린다는 걸 알 수 있다. 10여 분 만에 거래가 완결되는 비트코인이 오히려 굉장히 빠른 거다.

달러 거래의 문제점은 정부가 감시하고 추적하기 쉽다는 것이다. 달러를 주고받는 모습이 경찰 눈에 띄면 잡혀간다. 사람들은 외진 곳에서 몰래 달러를 주고받지만, 언제 경찰에게 발각될지 모른다. 외국에서 정부 몰래 달러를 송금받는 것도 어렵고, 외국으로 송금하기도 어렵다. 이런 송금은 은행의 도움을 받아야 하는데, 은행은 정부 감시하에 있다. 정부 모르게 은행을 이용해서 달러를 거래할 수 있는 방법은 없다. 그러면 몰래 달러를 몸에 숨기고 이동해야 하는데, 큰 돈이 몸에 있으면 경찰 검문검색에 걸릴 가능성이 높다.

비트코인은 이런 문제가 없다. 실물이 없기 때문에 경찰이 파악하기가 불가능하다. 비트코인을 많이 보유해도, 외국으로 보내도 잡힐 가능성이 없다. 물론 경찰이 스마트폰을 압수해서 앱 하나하나를 조사하면 들킬 수 있다. 그런 위험이 있기는 하지만, 최소한 달러보다는 그 위험도가 낮다. 비트코인은 금과 달러보다 훨씬 더 편리하고 유용한 자산 보유 수단이 된다.

비트코인은 금융시스템이 망가진 국가, 정부의 금융 통제가 강한 독재 국가에서 정말 중요한 자산 보유 수단이다. 사실 비트코인이 이런 나라들에서 큰 효용이 있을 거라고는 아무도 예상하지 못했다. 비트코인은 이런 나라에서 사용하라고 만든 것도 아니고, 이런 걸 대비하기 위해 만든 것도 아니다. 그런데 자연스럽게 그렇게 되었다. 하이퍼인플레이션에 시달리는 국가, 독재적인 금융 통제를 가하는 국가에서 어려움을 겪던 사람들이 스스로 비트코인을 사용하면서 위험을 피해갔다. 비트코인에 이런 기능이 있다는 것이 일반에 알려진 것은 2019년, 베네수엘라 경제학자 에르난데스가 〈뉴욕타임스〉에 기고를 하면서이다. 화폐 가치가 안정적이고 금융 거래에 별 제약이 없는 선진국에서는 비트코인이 큰 의미가 없을 수 있다. 그러나 베네수엘라, 아프가니스탄, 짐바브웨 같은 나라에서 비트코인은 금, 달러보다 더 중요한 자산 수단이다. 비트코인은 독재 국가, 전제 국가에서 실질적으로 가장 중요한 화폐 역할을 수행한다.

원화냐 비트코인이냐

"원화와 비트코인 중 어느 것을 더 신뢰하는가?" 우리나라 사람 중 이 질문에 비트코인이라고 답할 이는 별로 없을 것이다. 원화는 우리가 아무 문제 없이 쓰고 있는 돈이고, 은행에 맡겨놓은 돈이 사라질 가능성도 없다. 돈의 가치가 떨어지는 게 문제라고는 하지만, 실제 원화 가치가 떨어지는지에 대한 느낌은 별로 없다. 원화는 아무 문제 없다. 이에 비해 비트코인은 일단 가격이 왔다 갔다 하고, 받아주는 곳도 거의 없다. 거래소에서 비트코인을 사고팔기만 할 뿐이고 별 쓸모도 없다. 그런데 비트코인 숭배자들이 원화보다 비트코인이 더 낫다고 말하는 건 웃기지 않은가. 현실에 눈을 감고 꿈만 꾸는 몽상가들이다.

그런데 일반 사람들과 달리 원화를 그리 신뢰하지 않는 사람들도 적지 않다. 원화로만 모든 재산을 보유했다가는 큰일 날 수 있다고 생각하는 사람들이 있다.

우선, 한국에서는 주기적으로 화폐개혁의 필요성이 이야기된다. 2025년 4월 현재, 1달러는 1450원 정도이다. 이건 세계적 기준에서 볼 때 굉장히 높은 환율이다. 일본은 1달러에 145엔, 중국은 1달러에 7.3위안, 유로는 1달러에 0.91이다. 한국보다 훨씬 낮다. 이에 비해 베트남은 1달러에 2만 6000동, 캄보디아는 4000리엘이다. 한국보다 개발이 훨씬 덜 된 나라의 돈이 달러 대비 가치가 낮다. 1달러 1450원은 사실 개발도상국 수준의 가치이다. 이 때문에 화폐 가치를 변경해야 한다는 주장이 지속적으로 제기된다. 최소한 1달러 145원 정도는 되어야 세계적으로 볼 때 가난한 나라 취급을 받지 않을 수 있다.

한국에서 마지막 화폐개혁이 이루어진 것은 1962년이다. 10환을 1원으로 바꾸는 조치였는데, 이때의 화폐개혁은 경제에 엄청난 악영향을 준 것으로 악명이 높다. 기업의 생산량이 한 달 사이에 40%나 떨어졌다. 한국경제사에서 빠지지 않고 나오는 흑역사이다. 사실 그 이전에도 한국에서는 원을 환으로 바꾸는 화폐개혁이 있었는데, 그때도 막대한 경제적 충격을 주었다.

그런데 화폐개혁은 10환을 1원으로, 그 단위를 바꾸는 것일 뿐이다. 물론 단위를 바꾸면 식당의 메뉴 가격이 모두 바뀌어야 하고, 통장 잔액의 단위도 모두 바뀌어야 한다. 그런데 그게 그렇게 비용이 많이 드는 걸까? 왜 화폐개혁 때문에 기업의 생산이 멈추고 공황이 발생하게 될까?

그 이유는 간단하다. 화폐개혁은 단순히 화폐단위를 바꾸는 데서 그치지 않는다. 1962년의 화폐개혁 때는 1000환을 100원으로 바꿔줬다. 그런데 1만 환을 가진 사람에게는 1000원으로 바꿔주지 않았다. 한 사람이 바꿀 수 있는 금액은 500원까지였다. 그 이상의 돈은 바꿔주지 않았다. 은행에 예금되어 있는 돈이라 해도 500원까지만 찾을 수 있었고 나머지는 1년이 지나야 찾을 수 있었다. 화폐개혁은 쉽게 말해 국민이 가진 현금 자산을 그냥 없애는 것이다. 실질적으로 국민의 자산을 국가로 옮기는 정책 수단이다.

이런 화폐개혁은 한국에서만 일어난 게 아니다. 2009년에 진행되었던 북한의 화폐개혁도 그런 식이었다. 인민들이 들고 일어났고, 북한은 반발을 억누르기 위해 화폐개혁 책임자를 총살시켰다. 하지만 어쨌든 북한 화폐를 들고 있었던 사람은 전 재산을 거의 다 잃었다.

한국의 화폐개혁은 60여 년 전의 일이다. 하지만 지금도 은행에 돌아오지 않는 5만 원권이 상당하고, 탈세를 위해, 혹은 마약이나 도박 등으로 현금을 모아둔 사람들이 있다. 화폐개혁은 그런 돈을 모두 무효로 만들어버릴 수 있다. 물론 그런 불법적인 방법이 아닌 성실하게 현금을 모은 사람도 재산을 잃게 되는 문제가 있지만, 정의를 추구하는 정책 당국자로서는 그런 희생을 해서라도 불법 자금을 근절하는 게 더 중요하다고 생각할 수 있다.

하여튼 이런 화폐개혁의 역사를 알고 있는 사람은 한국의 원화에 절대적인 신뢰감을 갖지 못한다. 평소의 일상생활을 위해서는 원화가 꼭 있어야 하지만, 일정 규모 이상 자산이 있을 때는 원화가 아닌 다른 자산을 찾는다. 이 수준에서는 원화보다는 비트코인이 더 신뢰를 줄 수 있다.

둘째, 금융거래 정지의 위험성이다. 한국에서 은행은 신뢰성이 높다. 내가 예금한 돈을 꺼내려고 하면 언제든 돈을 내준다. 내가 원할 때 은행이 돈을 내주는 건 너무나 당연한 일이다. 그런데 그렇지 않다. 금융거래 정지가 되면 은행에서 돈을 찾을 수 없다. 분명 내 돈인데, 은행에서 돈을 안 내준다.

보통 사람이 금융거래 정지를 경험할 일은 거의 없다. 계좌가 사기 범죄에 연루된 경우에나 거래가 정지된다. 그런데 자산이 커지고 경제 거래가 많아지면 금융거래 정지의 가능성이 높아진다. 누가 압류를 신청한다든지, 경찰 조사나 세무 조사 등이 이루어지게 되면 잘못하면 거래 정지가 된다. 정말 뭔가를 잘못해서 거래가 정지되면 할 말이 없을 수 있다. 그러나 조사, 압류가 잘못된 것이어서 재판에서 다투는 중인데도 거래가 정지된다. 그리고 거래 정지가 되면 그 사건과 관련된 통장만이 아니라, 그 사람 명의의 모든 통장이 거래 정지되는 경우가 생긴다. 현대 사회에서는 금융 거래가 정지되면 치명적인 타격을 입는다. 돈이 아무리 많아도 어떻게 할 수가 없다. 직간접적으로 금융 거래 정지의 무서움을 아는 사람은 모든 돈을 은행에 맡길 수가 없다. 은행에 보관된 원화는 그리 믿을 수 없다. 다른 방안을 준비해둬야 한다.

셋째, 원화는 분명 신뢰성 있는 자산이다. 언제 어디서 원화를 꺼내도 사람들이 다 그 원래 가치대로 받아준다. 그런데 그건 어디까지나 국내용일 뿐이다. 외국에 가면 원화의 가치는 급전직하한다.

일단 보통 외국에서는 원화를 받지 않는다. 달러를 받아주는 곳은 있어도 한국의 원화를 받아주는 상점은 없다. 환전소에서는 받아준다. 과거에는 환전소에서도 원화를 받지 않았지만, 최근에는 한국의 국력이 강해져 대부분의 환전소에서 원화를 자국 통화로 바꿔준다. 다만 공식 환율 시세보다 훨씬 낮게 취급한다. 원래 가치보다 굉장히 할인된 가격으로 환전된다.

나는 이전에 외국에 갈 때 비상금으로 비트코인을 준비해갔다. 외국에 갈 때는 지갑을 잃어버리거나 카드를 분실하는 등의 사고에 대비할 필요가 있다. 현금을 준비하는 게 좋은데, 원화를 비상금으로 가져갈 수는 없다. 외국에서 원화는 힘이 없다. 하지만 비트코인은 외국에서도 현지 통화로 바꿀 수 있다. 지금은 비트코인이 워낙 고가라 비상금으로 챙기지는 않지만, 비트코인 가격이 지금보다 낮을 때는 여행 비상금으로 원화보다 비트코인을 챙겼다.

이렇듯 한국의 실정에서는 원화가 비트코인보다 항상 더 낫다고 할 수 없다. 물론 실생활에서는 비트코인보다 원화가 그 효용성이 월등하다. 하지만 원화가 문제될 수 있는 비상시가 있다. 원화만 가지고 있어서는 곤란한 상황이 분명히 존재한다. 가지고 있는 자산의 규모가 클수록, 경제적 거래가 많아질수록 원화의 위험성은 커진다. 그때는 원화 이외의 다른 자산이 필요하다. 자산가들이 금과 달러를 보유하는 이유이다. 이런 측면에서 볼 때 비트코인은 원화의 위험성을 회피할 수 있는 강력한 수단이 된다.

결론적으로, 어느 자산 수준까지는 원화의 경쟁력이 절대적으로 높다. 하지만 자산이 어느 수준 이상 올라가면 원화보다는 비트코인이 더 나은 자산이 된다. 이건 한국만이 아니라 어느 나라든 동일하다. 모든 나라에서 어느 수준 이상 자산을 가진 사람은 자국 통화 이외에 다른 자산이 필요해지고, 자기 자산의 일정 부분은 비트코인으로 보유하려는 동기가 생긴다. 자산이 많아질수록 비트코인에 대한 수요가 커진다. 그런 측면에서 비트코인은 일종의 사치재라고 볼 수도 있을 것이다.

정부가 디지털 화폐를 발행하면 비트코인은 사라질까

비트코인을 비롯한 가상자산이 현실에서 점점 화폐의 역할을 키워 가는 중이다. 한국에서는 가상자산으로 결제할 수 있는 것이 거의 없지만, 외국에서는 결제할 수 있는 영역이 점차 늘어나는 추세이다. 최근에는 세계적 카드 회사 비자에서 가상자산용 카드를 발급해 가상자산으로 직접 결제할 수 있게 했다. 또 아프리카 같은 은행 결제가 원활하지 않은 지역에서는 그 결제 비중이 더 커지고 있다. 이렇게 가상자산 결제가 증가하고 있지만, 이에 대한 부정적인 견해도 있다. 지금의 가상자산으로 결제가 가능한 것은 정부가 다른 가상자산을 발행하지 않기 때문이다. 만약 정부가 직접 가상자산을 발행해서 사용하게 하면, 더 이상 비트코인 같은 '사이비 가상자산'은 설 자리가 없는 것이 아닐까.

가상자산은 현금보다 편의성이 높다. 들고 다닐 필요가 없고, 분실의 위험도 없다.* 그러니 사람들은 현금보다 가상자산을 더 선호하게 되고, 결국 가상자산이 현금을 대체할 거라고 생각한다. 하지만 이런 비교우위도 정부가 가상자산을 발행하지 않을 때뿐이다. 만약 정부가 직접 발행한다면 어떨까? 정부가 가상자산을 발행하면 일단 가상자산의 편의성은 똑같다. 그리고 정부가 발행한 것이니, 화폐로서의 공신력과 안정성도 있다. 지금의 가상자산은 누가 만들었는지도(비트코인의 경우), 언제 어떻게 사라질지도 모른다. 화폐로서 신뢰할 수 없다. 하지만 정부가 직접 발행한 가상자산이라면 신뢰할 수 있다. 정부가 직접 가상자산을 발행하면, 기존 가상자산은 더 이상 존재 의의가 없어질 것이다.

현재 많은 정부가 직접 가상자산을 발행하려 하고 있다. 가장 대표적인 곳이 중국이다. 중국은 디지털 위안화를 만들어 전국적으로 보급하는 것을 주요 정책목표로 삼고 있다. 2020년 10월 선전시에서 디지털 위안화 시범 사업을 실시했고, 이후에는 쑤저우와 상하이 등에서도 디지털 위안화를 실험했다.

디지털 화폐는 한국에서도 계속 시도되고 있다. 중앙정부 차원에서 원화가 디지털적으로 사용되지는 않지만, 각 지역에서는 디지

---

* 사실 개인적으로는 이런 의견에 동의하지 않는다. 비트코인을 인터넷에서 보관하는 데 엄청나게 어려움을 겪은 사람으로서 가상자산이 보관, 운반 측면에서 더 용이하다는 말에 동의하지 않는다. 하지만 많은 사람들이 가상자산이 이런 측면에서 더 유리하다고 생각하고 있다.

털 지역화폐를 발행해서 지역 주민들이 지역 상점에서 사용하도록 하고 있다. 중국, 한국뿐만 아니라 유럽 등 여러 국가에서도 현금 없는 사회를 추구하면서 디지털 화폐 도입을 연구하고 있다. 이렇게 정부가 직접 발행하는 디지털 화폐가 일상화되면 비트코인 같은 지금의 가상자산은 더 이상 발붙일 곳이 없다. 정부가 직접 발행하는 디지털 화폐, 즉 보다 공신력 있고 안정적인 가상자산이 있는데 비트코인 같은 가상자산을 사용할 이유는 없지 않을까.

정부가 발행하는 디지털 화폐가 현실에서 화폐로 사용되는 것은 가능할 것이다. 다만 나는 디지털 화폐가 현실의 화폐를 전면적으로 대체해서는 안 된다고 생각한다. 현재의 화폐가 없어지고 디지털 화폐만 사용되는 사회는 절대 선진 사회가 아니다. 정부가 모든 시민의 일상을 통제하는 감시 사회, 빅브라더의 사회가 될 수 있기 때문이다.

디지털 화폐는 어디에 어떻게 돈을 썼는지가 모두 기록에 남는다. 우리가 어떻게 생활하는지를 확실하게 보여주는 것은 돈의 지출 내역이다. 입으로는 거짓을 말할 수 있고, SNS에서는 일상의 일부만을 보여줄 수 있다. 그런데 그 사람이 한 달 동안 어디에 어떻게 돈을 썼는지를 보면 그 사람의 삶 전체를 파악할 수 있다. 다른 어떤 개인정보도 지출 기록만큼 한 사람을 적나라하게 드러내지 못한다. 술집에 간 것, 담배를 산 것, 19금 영화를 보고 성인물을 산 것 등이 모두 기록된다.

물론 신용카드를 써도 기록에 남는다. 하지만 이런 금융회사 정보는 개인정보보호법에 의해 법원의 영장 등이 있어야만 살펴볼 수 있다. 정부가 이런 정보에 접근하는 것을 나름 통제한다. 지금도 신용카드, 은행 계좌 정보가 기록에 있지만 이를 두고 감시 사회라고 하지 않는 것은 나름대로 정부를 통제하는 장치가 잘 작동하고 있기 때문이다.

그러면 디지털 화폐를 사용해도 이런 통제 장치가 잘 마련되어 있으면 괜찮지 않을까. 그런데 그렇지 않다. 신용카드, 은행 등의 정보에 정부가 쉽게 접근하지 못하는 이유는 이들 회사가 정부 기관이 아니라 민간 기업이기 때문이다. 민간 기업의 정보를 정부가 마음대로 사용하기는 어렵다. 그런데 디지털 화폐는 정부가 담당한다. 즉 그 사용 기록은 한국은행 같은 정부 기관이 관리하게 된다.

한국 정부의 디지털화는 세계적으로도 유명하다. 그래서 정부 기관끼리는 서로 정보를 잘 공유한다. 국세청은 국토부의 토지 및 주택 소유 현황 자료를, 행안부는 법무부의 범죄 정보를 공유할 수 있다. 교육부도 학생에게 장학금을 지급할 때 학생의 가계 소득 정보를 활용한다. 디지털 화폐에 대한 정보 역시 별다른 통제 없이 정부 내에서 사용된다고 봐야 한다. 정부가 국민의 모든 활동을 확인할 수 있는 길이 열리는 셈이다. 즉 정부가 국민의 모든 일상생활을 지켜보는 감시, 통제 사회가 될 수밖에 없다.

비트코인은 디지털 화폐로 인한 정부 감시 사회를 방지하려는 목적으로 발명되었다. 2000년대, 컴퓨터 암호학자 등은 현재 추세대로 인터넷 사회가 발전하면 정부가 디지털 화폐를 만들 거라고 예측했다. 그런데 정부가 발행하는 디지털 화폐 세계는 엄격한 시민 감시 사회이다. 따라서 정부가 발행하지 않는 다른 화폐가 필요하다. 그 대안으로 나온 것이 비트코인이었다. 비트코인은 사토시 나카모토가 어느 날 갑자기 아이디어를 떠올려 만든 것이 아니다. 이 전문가 집단에서 정부의 통제를 받지 않는 화폐의 필요성이 제기되었고, 그 문제를 해결하기 위해서 발명된 것이다. 비트코인이 초기부터 컴퓨터 전문가들 사이에서 큰 이슈가 되고 적극적으로 수용된 이유도 그 때문이다. 그동안 관련 전문가 집단들에서 필요하다고 했던 사항을 충족시키는 발명품이었기 때문이다.

국가가 디지털 화폐 시스템을 구축하고, 디지털 화폐의 사용을 강제하면 비트코인이 없어질까? 그렇지 않을 것이다. 정부가 디지털 화폐를 만들어 사용을 강제하는 것에 반대하는 집단은 많다. 물론 범죄자 집단이나 탈법자들도 반대하겠지만, 앞에서 언급했던 컴퓨터 전문가 집단처럼 빅브라더를 반대하는 사회단체가 전 세계적으로 상당히 많다. 최소한 이들은 계속해서 비트코인을 옹호하며 이를 더 활용하려 할 것이다. 물론 이때 비트코인은 합법이 아니라 불법적 존재가 될 수 있다. 불법적 존재이기는 해도 비트코인은 계속해서 사용될 것이다. 불법이라고 해서 인터넷에서 없어지는 것이 아니다. 그리고 전 세계 모든 나라가 디지털 화폐 시스템을 채용하고 그 사용을 강제하지는 못할 것이다. 주요 국가 몇 나라만 디지털 화폐 사용을 강제하지 않아도 충분히 비트코인은 그곳을 기반으로 전 세계적으로 사용될 수 있다. 지금 한국에서 불법인 도박 사이트가 도박이 합법인 국가에서는 아무 문제 없이 운영되고, 한국인이 이 사이트를 이용하는 것과 같은 형태가 될 것이다.

이런 이유로 국가가 디지털 화폐를 운영한다고 해서 비트코인이 사라지지는 않을 것이다. 디지털 화폐를 강제하는 국가에서는 사라질 수 있어도, 세계적으로는 큰 영향이 없을 것이다. 디지털 화폐의 편리성에도 감시 사회의 가능성 때문에 디지털 화폐의 강제 도입을 추진하지 않는 나라도 많을 것이고, 그러면 비트코인은 충분히 존속할 수 있다.

 # 쇠퇴하는 달러, 비트코인은 새로운 기축통화가 될 수 있을까

비트코인의 미래를 밝게 보는 이들 중에는 비트코인이 현재의 달러 체제를 대체할 거라고 전망하는 이도 있다. 현재 세계는 달러가 지배하고 있다. 달러가 기축통화이다. 이건 전 세계 누구도 부정할 수 없는 현실이다.

그런데 달러의 힘이 점점 약해지고 있다. 주된 이유는 미국이 달러를 너무 남용하기 때문이다. 어마어마한 재정 적자에 시달리고 있는 미국은 적자를 메우기 위해 달러를 계속 발행한다. 2024년 한 해만 해도 재정 적자가 1조 8000억 달러나 된다. 한국의 1년 GDP 경제 규모가 1조 8000억 달러 정도인데, 거의 세계 10위권에 있는 한국 경제 규모만큼 적자를 내고 있는 것이다. 미국의 총 재정 적자 규모는 36조 5600억 달러이다. 이 돈을 메우기 위해 계속 달러를 발행한다. 이렇게 달러를 남발하니 인플레이션이 발생하고, 그 힘이 약해질 수밖에 없다. 그러면 다른 나라도 더 이상 달러를 찾지 않게 되고, 결국에는 달러가 기축통화로서의 역할을 하기 어려워진다.

　이때 기축통화 달러를 대체할 수 있는 건 무엇일까? 유로화, 엔화, 위안화 모두 기축통화가 될 가능성이 없다. 중국이 위안화를 기축통화로 만들기 위해 노력하고 있지만, 한 나라 통화가 기축통화가 되기 위해서는 반드시 엄청난 무역적자를 감수해야 한다. 위안화가 기축통화가 되기 위해서는, 즉 다른 나라들이 위안화를 사용하기 위해서는 위안화가 다른 나라에 풀려야 한다. 다른 나라가 위안화를 소유하려면 중국에 수출을 하면서 그 대금으로 위안화를 받아야 한다. 즉 중국이 무역적자를 봐야 위안화가 다른 나라로 나간다. 중국이 무역 흑자를 내려 하면 다른 나라들이 위안화를 구할 방법이 없어진다. 무역에서 돈을 벌려는 나라의 통화는 기축통화가 될 수 없다. 그런데 한국, 중국, 일본 등 대부분의 국가는 무역에서 적자를 보려 하지 않는다.

　당장 우리나라만 하더라도 무역적자가 나면 나라가 망할 것처럼 요란해지고 하루빨리 적자에서 벗어나야 한다고 난리를 친다. 한국의 원화가 기축통화가 되기 요원한 가장 근본적인 이유이다. 이건 대부분의 나라들도 마찬가지이다. 미국의 달러를 대체하기 어려운 이유이다.

　이때 비트코인의 중요성이 부각될 수 있다. 달러는 엄청난 돈 풀기로 인해 가치가 계속 떨어지는데 달러를 대체할 수 있는 다른 나라 통화는 없다. 그런데 비트코인은 2100만 개로 생산량이 고정이기 때문에 공급량 증가, 즉 돈 풀기를 걱정할 필요가 없다. 또 기축통화가 되기 위해서는 한 나라의 무역적자 감수라는 희생이 필요한데, 비트코인은 그런 희생 없이도 세계적으로 유통될 수 있다. 적어도 비트코인이 세계 기축통화로 사용되는 데 기술적인 제약은 없다. 문제는 사람들이 비트코인을 기축통화로 인정할 것이냐인데, 비트코인의 가치가 점점 커지고 선호도가 높아지면 충분히 가능하다. 정말로 비트코인은 달러를 대체하는 기축통화가 될 수 있다.

그러나 난 이런 전망에 회의적이다. 물론 비트코인이 세계적으로 많이 사용되고 기축통화적인 기능을 할 수는 있다고 본다. 그러나 달러를 대체하기는 힘들 것이다.

우선 달러의 힘이 점점 약해질 것이라는 전제 자체에 문제가 있다. 미국은 엄청나게 달러를 풀었고, 그래서 그 가치가 낮아진 건 맞다. 그런데 이상한 점이 있다. 미국 달러의 가치가 낮아졌으면 한국 원화의 가치는 달러에 비해 더 높아져야 한다. 그런데 1달러당 원화의 가치를 보면, 2010년경만 해도 1000원이었다가 2020년에는 1200원, 최근에는 1400원이다. 미국 달러의 가치가 떨어진다고 그렇게 비판하는데, 원화 대비 미국 달러 가치는 오히려 올랐다. 이건 원화만이 아니다. 유로화의 경우 2010년에는 1유로가 1.4달러 정도였다. 그런데 2025년 5월 현재는 1유로가 1.1달러 정도이다. 달러의 가치가 크게 올랐다. 위안화의 경우도 2021년경에는 1달러가 6.2위안이었는데, 지금(2025년 5월 현재)은 7.2위안이다. 미국 달러의 가치가 떨어진다고 하는데, 원화, 유로화, 위안화 등 세계 주요 통화와 비교해보면 그 가치가 오히려 더 올랐다.

이유는 간단하다. 사람들은 미국이 돈을 무지막지하게 푼다고 비판한다. 그런데 사실은 다른 나라들이 돈을 더 푼다. 상대적으로 미국은 덜 푼 것이고, 그래서 달러의 가치가 더 올라갔다. 미국 달러가 돈 풀기로 인해 약해진다는 주장이 나오는 것은 미국만 봤기 때문이다. 세계 다른 나라와 비교해서 보면, 미국 달러는 결코 약해지지 않았다. 달러의 가치가 올라가고 있는데, 달러가 힘을 잃고 기축통화에서 내려오게 될 거라는 예측은 얼마나 앞뒤가 안 맞는 이야기인가.

미국 달러가 정말로 가치가 떨어지게 된다면, 즉 절대적인 가치뿐만 아니라 다른 나라 통화와 비교한 상대적인 가치까지 떨어지게 된다면, 그때는 달러가 기축통화의 지위를 잃을 수도 있다. 하지만 세계 다른 나라들이 더 적극적으로 돈 풀기를 하는 현대 경제 체제에서, 달러 가치가 상대적으로 떨어지기는 어렵다. 달러는 계속 기축통화의 역할을 할 것이다. 현재 러시아에서 비트코인으로 국제 결제를 하고는 있지만, 그건 전쟁에 대한 제재로 달러를 사용할 수 없어서이지 달러보다 비트코인이 더 우월해서가 아니다.

그렇다고 비트코인이 기축통화 측면에서 아무 의미가 없는 것은 아니다. 달러를 비판하는 사람들, 미국의 돈 풀기를 비난하는 사람들은 그 대척점으로 계속 비트코인을 이야기할 것이다. 비트코인은 이런데 미국 달러는 왜 그러냐, 달러를 이런 식으로 운용하면 비트코인에게 자리를 넘겨주게 될 거라고 이야기할 것이다. 비트코인은 달러가 모범으로 삼아야 할 이상적인 존재로서 그 상징성을 가진다. 정부의 돈 풀기, 정부 마음대로 시행하는 통화정책을 비판하는 준거점으로서 비트코인이 있다. 이런 식으로 비트코인의 '기축통화설'은 계속 논의될 수 있겠지만, 실제로 현실화되기는 어려울 것이다. 다만 기축통화를 보완하는 역할은 할 수 있을 것이다.

이번 1장의 내용을 정리해보자. 경제학에는 정부의 경제 간여를 찬성하는 케인스주의가 있고, 이를 반대하는 자유-고전주의가 있다. 대부분의 경제학자는 정부의 경제 간여를 중시하는 케인스주의자들이다. 케인스주의자는 비트코인에 반대한다. 비트코인은 경제 정책에서 정부의 역할을 제거하기 때문이다. 특히 금융 및 화폐론자에게 비트코인은 절대 받아들일 수 없는 존재이다. 하지만 자유-고전주의에서는 비트코인이 굉장히 바람직한 존재이다. 이들에게 비트코인은 케인스주의가 지배하는 경제학계에서 한 줄기 빛이다. 나는 경제학 전공이고 자유-고전주의 입장이다. 내가 경제학 전공이면서도 비트코인을 찬성하고 직접 구매할 수 있었던 이유이다.

    정부가 지정한 것이 화폐라고 보는 관점에서는 비트코인을 화폐로 볼 수 없다. 하지만 순수 화폐 이론에 초점을 두면 비트코인은 충분히 화폐가 된다. 금, 원, 달러보다 모든 면에서 우월하다고는 할 수 없지만, 더 나은 점은 분명히 존재한다. 비트코인이 기축통화인 달러를 대체하기는 어렵겠지만, 그래도 현재 화폐 제도의 문제점, 정부가 마음대로 화폐 제도를 운용하는 데 대한 비판 준거로서는 충분히 존재 가치가 있다.

즉 경제에 대한 정부의 간여에 비판적인 자유주의적 시각을 가진 사람들에게 비트코인은 굉장히 소중한 존재이다. 이런 경제적 관점을 가진 이들에게 비트코인은 없어서는 안 되는 상징적 존재이다. 이런 사람은 비트코인을 적극적으로 지지한다. 단순히 가격이 얼마인가가 중요한 게 아니다. 비트코인은 경제 자유주의자에게 신념적 가치를 가진다.

2장

정치적 자유주의와 비트코인

BITCOIN

 ## 비정부 자유주의의 상징, 비트코인

경제학에는 경제에 대한 정부 개입 확대를 주장하는 케인스주의와, 정부 개입을 반대하는 고전주의가 있다고 했다. 마찬가지로 정치학 분야에도 사회에 대한 정부 개입은 최소화해야 한다는 주장과 공공 이익을 위해 정부가 최대한 개입해야 한다는 주장이 있다. 이 두 입장으로 대표되는 게 현대 정치에서 가장 중요한 두 세력인 보수와 진보이다. 양당제의 경우 한쪽은 보수당, 다른 한쪽은 진보당으로 구분된다.

보수는 자유주의 경향을 띤다. 개인의 자유를 중시하고, 그만큼 정부의 간여는 제한되어야 한다. 정부의 역할이 축소되어야 한다는 게 보수의 기본 주장이다. 진보는 이와 반대로 정부의 개입을 선호한다. 사회문제를 정부가 더 적극적으로 해결해야 한다는 주장이다.

공익을 위해서는 개인의 자유를 제약하더라도 정부가 나서야 한다고 본다.

서구 근대는 자유주의를 기본으로 한다. 프랑스혁명, 미국 독립혁명 등을 통해 현대 서구사회가 만들어졌다. 개인의 자유를 중시하는 것은 전통을 중시하는 것이고 그래서 보수라고 부른다. 이에 반해 국가가 적극적으로 나서서 사회를 변혁시켜야 한다는 건 자유 근대주의 이후에 나타난 이념이다. 그래서 진보이다. 양당제는 이렇게 보수당과 진보당으로 이루어지고, 다당제는 정부가 간여하는 정도에 따라 보다 세부적으로 나뉜다.

미국의 경우 보수는 공화당이고, 진보는 민주당이다. 영국의 경우 보수는 보수당이고, 진보는 노동당이다. 한국의 경우 2025년 기준으로 보수는 국민의힘, 진보는 더불어민주당인데, 미국, 영국 등과는 조금 다르다. 국민의힘이라 하더라도 정부가 적극적으로 개입할 것을 주장한다. 정부 개입을 주장한다는 측면에서 보면 한국에서는 보수든 진보든 별 차이가 없다. 미국, 영국 등의 전통적인 보수당과 비교하면, 한국의 보수당은 보수라기보다는 진보라고 하는 게 더 타당할 정도이다. 다만 더불어민주당에 비해서 상대적으로 정부 개입을 적게 하고, 경제 측면에서 보다 시장친화적인 정책을 시행한다는 점에서 차이가 있다. 절대적인 기준으로는 둘 다 진보라고 볼 수 있다. 그래도 어느 쪽이 정부 개입을 더 강조하느냐 하는 상대적인 차이로 한쪽은 보수, 다른 쪽은 진보라고 부른다.

보수와 진보는 정부 개입의 정도를 가지고 다툰다. 보수는 경제

발전을 위해서는 정부 개입을 최소화하고 기업이 자유롭게 활동할 수 있도록 해야 한다고 본다. 국민에 대한 복지 지원은 일반인들의 자유를 침해하지 않는 한도 내에서, 그리고 재정의 한계 내에서 이루어져야 한다고 주장한다. 이에 비해 진보는 정부가 적극적으로 개입해 경제 등 다양한 사회문제를 해결해야 한다고 본다. 시장경제에서는 소득분배가 왜곡되는 경향이 강하니, 정부가 강력히 나서 분배의 평등을 추구해야 한다. 국민에 대한 복지는 정부의 주요 영역으로 개인의 자유를 다소 제한해서라도 어려운 사람을 위한 복지 제도를 만들어야 한다.

    보수와 진보, 자유주의와 정부주의 차원에서 비트코인은 어떤 위치인지 살펴보자. 비트코인은 정부가 필요 없다. 화폐는 정부의 제도와 지원으로 운영된다. 그런데 비트코인은 그런 게 필요 없다. 처음 태어날 때도 정부와 상관없었고, 그 성장 과정에서도 정부의 지원은 없었다. 오히려 대놓고 '정부는 필요 없다. 정부로부터 간섭받지 않는다'를 모토로 내세웠다. 생산량과 생산 속도, 유통 과정도 정부와 관련 없다. 정부가 규제한다고 해서 생산량이나 생산 속도가 달라지는 것도 아니다. 물론 정부가 유통을 금지할 수는 있다. 하지만 거래소 등 대규모로 이루어지는 거래는 금지할 수 있지만, 개개인 수준에서 이루어지는 유통은 그럴 수 없다. 전기와 인터넷을 끊으면 거래를 막을 수 있는데, 그렇게까지 하면 현대 국가로서 그 존립 자체가 어려워진다. 그리고 설사 그렇게 하더라도 비트코인을 완전히 막을 수 있는 건 아니다. 자국 내에서만 비트코인의 생산과 유통이 안 될 뿐이지, 다른 나라에서는 여전히 유지된다.

비트코인은 정치적인 측면에서 자유주의를 상징한다. 단순한 자유주의가 아니라, 정부 역할을 완전히 배제하는 극단적 자유주의이다. 소위 무정부주의인 아나키즘과 유사하다. 그런 사람들에 의해 비트코인이 발명되고, 발전하고, 확장되어왔다. 이런 측면에서 비트코인이 의미하는 것은 무엇인지, 그리고 비트코인의 핵심적 지지자는 어떤 사람들인지 살펴보자.

동양과 서양,
그 권력 범위의 차이

비트코인과 관련한 주요 이슈 중 하나는 정부의 규제이다. 정부가 비트코인을 인정할 것인가가 중요한 이슈이다. 설사 현재 정부가 비트코인을 인정하더라도, 언제든 입장을 바꿔 금지할 수 있다는 위험성이 있다. 비트코인은 국가가 지정한 화폐를 대체하겠다고 나온 것이다. 어느 국가든 화폐를 건드리면 그건 바로 금지 대상이 되고 그 주체는 감옥에 간다. 실제 그동안 여러 나라에서 비트코인을 금지했다. 중국과 러시아도 금지했다.* 한국도 2017년 비트코인 거래소의 폐쇄를 시도했다. 지금 아무리 비트코인이 잘나간다 해도 국

---

* 러시아는 원래 비트코인 거래를 금지했지만, 우크라이나 전쟁 이후 가해진 달러 거래 규제를 회피하기 위해 비트코인 등 가상자산 사용을 허용했다.

가들이 서로 합심해서 금지령을 내리면 비트코인은 한순간에 나락으로 갈 수 있다.

그렇다면 세계 모든 국가가 비트코인을 전면 금지할 수 있을까? 그런 위험성은 얼마나 될까? 이에 대해 이야기하기 위해서는 국가의 권력 범위에 대해 인식할 필요가 있다.

동양인으로서 서양의 역사를 읽다 보면 잘 이해 안 되는 지점이 나온다. 황제나 왕이 민간에게 돈을 빌리고, 그 돈을 갚지 못해 어려움에 빠진다. 결국 돈을 갚기 위해 세금을 올리려 하거나, 아니면 모라토리엄Moratorium, 즉 돈을 갚지 못하겠다고 선언한다.

16세기 스페인의 펠리페 2세Felipe II는 스페인의 황제이자 신성로마제국의 황제였다. 당시 스페인은 세계 각지에 영토를 가진 최강대국이었고, 펠리페 2세는 이런 스페인의 최전성기를 이끌었다. 엘리자베스 여왕이 지배하는 영국에 무적함대를 파병했다가 패배한 것만 제외하면 흠잡을 데가 거의 없는 그야말로 제국의 황제였다. 그런데 그런 그가 1557년 파산 선언을 했다. 파산은 빚을 많이 지고, 더 이상 그 빚을 갚을 수 없다는 선언이다. 스페인 왕가는 그동안 엄청난 돈을 빌렸고, 재산 대부분이 저당으로 잡혀 있었다. 물론 사적인 용도가 아니라 국가 유지, 전쟁 수행 등을 위해 빌린 돈이다. 그 돈을 갚지 못해 파산 선언을 한 것이다. 그리고 1560년, 1575년, 1596년에도 파산 선언을 한다. 앞으로 들어올 세금을 담보로 또 빚을 졌다가, 그 돈도 갚지 못하겠다고 한 것이다.

이것을 보면서 스페인 황제가 재정 관리를 잘 못했구나 하는 걸로 끝내서는 안 된다. 서양 사람이라면 그 정도 비판으로 정리할 수 있겠지만, 동양 사람이 그런다면 곤란하다. 파산 선언을 했다는 것은 빚을 졌다는 뜻이다. 황제가 소소한 돈을 빌릴 리는 없다. 엄청난 돈을 빌렸고, 그 돈을 빌려준 사람은 유럽의 주요 은행이나 대자산가들, 주로 대상인들이었다. 황제가 이들과 돈을 빌리고 갚겠다는 계약을 한 것이다. 그냥 빌린 것도 아니다. 황제의 자산을 담보로 제공했다. 광산, 무역 수입, 들어올 세금 등을 담보로 돈을 빌렸다.

그런데 생각해보자. 조선의 왕이나 중국의 황제가 빚을 졌다는 말을 들어본 적 있는가? 누구에게서 돈을 빌리고 갚았다는 이야기를 들은 적 있는가? 조선이나 중국의 왕과 황제는 빚을 진 적이 없고, 그러니 아무리 재정이 어려워도 파산한 적이 없다.

조선, 중국에서는 국가의 재정이 어렵다고 상인, 자산가에게 돈을 꾸지 않는다. 그냥 세금을 올리거나 수탈한다. 무엇보다 왕이 상인이나 자산가와 돈과 관련해 계약을 한다는 개념 자체가 없다. 어떻게 존엄한 왕이 상인과 대등한 입장에서 계약을 맺을 수 있는가. 왕이 명령하면 상인은 엎드려 복종하는 것이지, 계약을 하는 게 아니다. 상인이 왕에게 계약서를 들이밀고, 계약서대로 빚을 갚으라고 독촉하는 모습을 우리 동양에서는 상상할 수 없다. 그런데 서양에서는 그랬다. 황제가 상인과 돈을 빌리고 갚겠다는 계약을 하고, 계약대로 돈을 갚으라고 상인이 황제를 독촉했다.

콜럼버스는 서쪽으로 항해하면 인도에 도달할 수 있다고 믿었고, 왕에게 함대를 지원받고자 했다. 스페인의 이사벨Isabel 여왕이

함대를 지원하겠다고 했고, 이 둘은 서로 각서를 썼다. 각서의 주요 내용은 이렇다.

1. 콜럼버스는 대서양으로 나아가 섬들과 아시아 본토를 찾는다.
2. 콜럼버스를 대양의 제독으로 임명한다.
3. 콜럼버스는 새로 발견하는 땅의 총독으로 임명된다.
4. 새로 발견한 땅에서 획득하는 금, 보석, 기타 산물은 왕의 소유가 된다. 하지만 그중 10분의 1은 콜럼버스의 소유로 인정한다.
5. 대서양 함대의 출항 비용은 왕이 제공한다.
6. 콜럼버스는 함대 출항 비용 중에서 8분의 1까지 투자할 수 있다. 그리고 이 비율까지 콜럼버스는 항해의 수익을 배분받을 수 있다.

콜럼버스가 중국의 황제를 찾아갔다고 해보자. 황제에게 탐험 비용이 필요하니 지원해달라고 요구할 수는 있다. 그런데 콜럼버스와 황제가 위와 같은 내용의 계약서를 주고받을 수 있었을까? '나를 제독으로 임명해야 한다, 나를 총독으로 임명해야 한다, 왕은 얼마의 투자금을 부담해야 한다, 나의 이익금은 얼마로 한다' 등이 일개 개인이 황제에게 요구할 수 있는 사항인가? 이건 동양 사회에서 있을 수 없는 일이다. 그런 걸 요구하는 순간 황제를 모독한 죄로 사형에 처해질 것이다.

근대 이전 황제는 무소불위의 존재였다고 볼 수 있다. 서양에서도 황제는 모든 걸 마음대로 할 수 있는 존재로 인정받았다. 그런데 동양과 서양에서 말하는 '마음대로'는 그 뜻이 다르다. 서양에서는 왕이라 해도 지켜야 하는 규범이 동양의 왕보다 훨씬 많았다.

그 차이는 어디서 나올까? 나는 그 주된 차이가 신에 대한 인식에서 나온 게 아닐까 생각한다. 서양 유럽의 역사에서 가장 중요한 사상적 근원은 그리스-로마 신화와 기독교이다. 그리스-로마 신화에서는 신과 인간이 분명히 구분된다. 아무리 뛰어난 인간이라 하더라도 신을 뛰어넘을 수 없다. 인간은 신의 가호 아래 살아가는 존재이다. 신의 자리를 넘보는 인간은 모두 비극적인 결말을 맞이한다. 인간은 신의 영역을 침범해서는 안 된다.

기독교에서 절대적인 존재는 하나님, 예수 그리스도이다. 인간은 절대 그 영역을 범할 수 없다. 황제는 어디까지나 인간 세상의 질서를 유지하기 위한 존재일 뿐이다. 황제라 하더라도 예수 그리스도에게 대항할 수 없고, 그를 따라야 한다. 예수 그리스도의 기본 원리를 침범해서는 안 되고, 신의 뜻에 복종해야 한다. 황제라 하더라도 하나님의 뜻이라고 여겨지는 것을 어기면 안 되는 것이다.

하지만 동양은 다르다. 중국의 황제는 천자天子이다. 하늘의 아들, 즉 신이다. 서양의 황제는 신이 아니다. 신의 뜻을 따라야 하는 인간이다. 할 수 있는 일에 제약이 있다. 황제라 하더라도 인간의 도리를 지켜야 한다. 그러나 동양의 황제는 그 자체가 신적인 존재이다. 황제가 결심하면 그게 곧 신의 뜻이다. 절대복종을 해야 한다. 황제와 일대일로 계약하겠다는 건 말도 안 된다. 계약은 인간들끼리 하는 것이다. 신이 어떻게 인간과 대등한 계약을 맺을 수 있단 말인

가. 황제가 명령하면 사람은 따라야 하고, 황제가 시혜를 베풀면 사람은 감사히 받아야 한다. 콜럼버스처럼 이익의 10분의 1을 달라고 요구할 수 없다.

한국인은 동양인이다. 국가가 뭐든지 다 할 수 있다는 사고방식을 가지고 있다. 비트코인도 얼마든지 정부가 마음먹으면 금지할 수 있는 대상이다. 언제든 금지할 수 있지만 국민의 반대가 심하니 안 하고 있을 뿐이다. 동양에서 비트코인은 안전하지 않고 위험한 자산이다. 그러나 유럽과 미국은 다를 수 있다. 유럽, 미국 등 서구에서는 정부가 무엇이든 다 할 수 있다는 개념이 동양만큼 강하지 않다. 정부의 영역이 아니라면 설사 황제라 해도 깊이 간여할 수 없다. 비트코인이 이런 영역에 해당한다면, 정부는 비트코인을 금지할 수 없고 따라서 비트코인은 정부와 관련 없이 안전한 자산이 될 수 있다.

# 국가의 권한에서
벗어나 있는 것들

정부가 국가에 미치는 영향은 어디까지일까. 정부의 권한이 배제되어 있는 영역이 과연 존재할까? 역사적으로 한국과 중국 등의 동양 사회에서는 정부의 권한이 행사되지 않는 분야가 없었다. 중앙정부로부터 워낙 멀리 떨어져 있어서 행정의 힘이 미치지 못한다거나, 지역 세력이 워낙 강해서 중앙정부가 손쓸 수 없는 경우는 있다. 그러나 그렇다고 해서 중앙정부가 그 영역에 대한 권한이 없었던 것은 아니다. 단지 힘이 부족해서 권한을 행사하지 못하는 것뿐이다. 동양 사회에서 황제, 왕의 권한은 무한하다. 황제가 건드릴 수 없는 영역은 존재하지 않았다.

그런데 서양 사회는 그렇지 않았다. 황제나 중앙정부의 권한이 미치지 않는 영역이 존재했다. 권한이 있는데 행사하지 못하는 게 아니라, 처음부터 아예 권한이 없는 영역이다.

첫째, 신, 교회와 관련된 영역이다. 근세 이전 유럽의 종교는 가톨릭이었다. 그리고 가톨릭은 로마 교황청이 관할하는 영역이었다. 유럽 각지에는 성당이 들어서는데, 이 성당을 관리하고 운영하는 것은 어디까지나 교황의 영역이다. 추기경을 비롯한 신부들도 교황이 임명한다. 프랑스의 추기경은 엄청난 권력을 가지고 있었다. 그런데 그를 임명하는 건 프랑스 왕이 아니라 로마 교황이다. 프랑스의 가톨릭 조직을 구성하고 운영하는 것, 성당 소유의 재산을 관리하는 것도 최종적으로는 로마 교황의 권한이다. 프랑스 왕은 자기 땅 안에 있는 성당이라 하더라도 거기에 대한 권한이 없다. 그야말로 '황제의 것은 황제에게, 하나님의 것은 하나님께'가 적용되었다.

서양도 국가의 힘이 강화되면서 황제의 권한이 교황의 그것을 넘어서게 된다. 하지만 아무리 황제의 권한이 교황보다 강해도 교황의 영역은 인정되었다. 이건 현재도 마찬가지이다. 가톨릭 조직에 대해 정부는 간여할 수 없다. 그런데 이건 중국 같은 국가 주도 사회, 전통적인 동양 사회 가치관에서는 받아들이기 힘든 사실이다. 그래서 중국은 교황이 지배하는 가톨릭이 아니라, 중국 중앙정부의 지배를 받는 가톨릭을 추구한다. 중앙정부의 권한이 배제되는 영역을 인정하는 전통이냐 아니냐의 차이에서 이런 갈등이 발생한다.

둘째, 정부의 권한 행사가 제한되는 또 하나의 영역으로 대학이 있다. 유럽에서 대학은 11세기 이후 발달하기 시작하는데, 대학은 중앙정부로부터의 자유를 인정받았다. 우선 대학에는 학문의 자유가 있다. 학문의 자유란 대학이 무얼 어떻게 가르칠지 스스로 정하고, 정부의 간섭을 받지 않는다는 것이다. 이게 당연한 거 아니냐고 할지 몰라도 당연하지 않다. 지금 한국의 초중고 교육을 보자. 초등학교, 중학교, 고등학교는 자기 마음대로 교과목을 구성할 수 없고, 교사도 자기 마음대로 가르칠 수 없다. 무엇을 가르칠 것인가가 교과과정으로 미리 정해져 있고, 그 내용에 따라서만 가르칠 수 있다. 교육은 국가의 중대한 기반이다. 선생들이 자기들 맘대로 가르치면 안 된다. 그런데 대학은 그렇지 않다. 대학에서 교수는 자기 마음대로, 자기가 원하는 것을 가르칠 수 있다. 그래서 대학에 대해서만 학문의 자유가 있다고 하는 것이다. 초중고에는 그런 자유가 없다.

또 대학 기관도 자치를 인정받았다. 중세 때는 범죄자가 대학으로 숨으면 권력 기관이 그를 잡으러 들어갈 수 없었다. 정부의 힘이 미치지 않는 일종의 '치외 법권'이 인정되는 장소였다. 물론 지금은 이런 자유까지는 인정되지 않는다. 대학에 대한 정부의 간여 정도는 계속 커져, 현재는 학문의 자유 말고는 많은 부분에서 제약을 받는다. 특히 한국의 경우는 학생 선발도 자체적으로 하지 못하고 정부가 학생 선발 기준과 방법을 정한다. 그래도 대학은 사회의 다른 영역에 비해서는 자유가 많은 편이다. 대학이 정부 권한 밖이었던 과거 전통의 영향이다.

세 번째로 도시가 있다. 중세 유럽의 도시는 중앙정부로부터 독립된 존재였다. 정부는 도시에 세금을 매길 수 없었고, 도시의 일에 간여할 수도 없었다. 도시의 업무는 도시가 알아서 처리했다. 장원의 농민들이 도시로 도망가면 정부가 들어가 잡아올 수도 없었다. 도시도 중앙정부의 힘이 미치지 않는 특권 지역이었다.

도시가 이런 자유를 가지게 된 건 주로 중앙정부와의 계약 때문이었다. 도시는 왕에게 '몇십 년 치의 세금을 한꺼번에 낼 테니 자치권을 달라'고 요구했고, 목돈을 원했던 왕은 도시에 자치권을 부여했다. 즉 도시는 돈으로 자치권을 샀고, 그 계약에 따라 정부의 권한에서 벗어났다. 중세의 유럽은 이런 자치도시들이 주도권을 가지고 있었다. 물론 근대 국민국가가 형성되면서 자치권을 가진 도시국가들은 사라져갔다.

네 번째로 들 수 있는 건 경제 정책이다. 18세기, 유럽에서는 경제 방임주의 사상이 대두된다. 경제에 정부가 개입하지 말아야 한다는 사상이다. 중세까지는 국가의 경제 정책이라 할 만한 게 없었다. 정부는 정치, 행정, 군사, 외교, 치안 등에만 관심을 가졌고, 경제 성장이나 발전 등에 대해서는 별 관심이 없었다. 이 당시의 경제는 발전이나 성장이 없는, 늘 정체된 상태였고, 국가가 개입할 만한 게 없었다. 그러다 대항해 시대가 열리면서 국가가 나서서 경제를 발전시켜야 한다는 사상이 유행한다. 소위 중상주의 시대이다. 그런데 1776년 영국의 애덤 스미스가 《국부론》에서 경제 방임주의를 주장한다. 국가가 경제에 개입해서는 안 된다는 주장이다. 사실 이 주장은 애덤 스미스가 처음 한 게 아니다. 경제에 대한 국가의 불간섭을 주장하는 흐름이 당시에 강하게 있었고, 애덤 스미스는 그것을 집대성했다. 애덤 스미스의 주장은 영국의 주류가 되었고, 경제 자유주의가 시대의 정신이 된다. 경제 문제는 국가가 개입해서는 안 되고 시장에서 자연적으로 해결되어야 했다.

경제에 대한 자유주의는 전성기를 맞이했지만, 곧 이에 반박하는 주장들이 나온다. 카를 마르크스의 공산주의-사회주의는 경제 자유주의에 반대하며 경제에 대한 모든 것을 국가와 중앙정부가 결정해야 한다고 주장했다. 케인스는 정부가 재정정책, 통화정책을 통해서 국가 경제에 개입해야 한다고 주장했다. 현대 경제는 케인스의 경제관을 기본으로 한다. 정부가 시장에 개입해서는 안 된다는 주장도 여전히 존재하지만, 주류는 정부가 경제에 개입하여 운용해야 한다고 본다.

정부는 강하다. 그동안 서구 역사에서는 정부가 개입해서는 안 되는 영역이 존재했지만, 결국 정부의 힘이 이겼다. 가톨릭의 구조 정도가 현대 사회에서 정부로부터 독립된 존재로 인정받는다. 자유도시는 이미 국가 정부에 통합되었고, 대학과 경제 등은 정부의 입김이 강하게 작용한다. 그래도 과거 전통에 따라 이 영역들에 대해 자율성을 인정해야 한다는 주장이 간간이 통하는 정도이다. 현재는 그렇다 하더라도 중요한 건 서구 역사에서는 정부가 간여할 수 없는 독립된 영역이 계속 있었다는 점이다. 이는 정부가 절대적인 존재가 아니라는 것, 정부가 개입할 수 없는 독립된 영역이 있을 수 있다는 개념이 계속 이어졌다는 의미이다. 동양 국가에서는 이런 개념 자체가 존재하지 않았다. 그런 점이 동양과 대비되는 서구 정치사의 특징이라 할 수 있다.

서구에서는 이런 전통에 기반하여 정부로부터 독립해서 그 자율성을 추구하려는 사상적 패러다임이 계속 있었다. 현대 사회에서 이런 패러다임이 새롭게, 가장 적합하게 구현된 것이 바로 비트코인이다. 비트코인은 정부에 의지하지 않고 그 존재 자체로 독자적으로 살아남을 수 있다. 또 생산과 유통도 정부가 간여할 수 없는 시스템이다. 정부 역사상 정말 오랜만에 나타난 정부로부터 독립된 존재이다. 자유주의자, 정부개입 반대주의자, 시장주의자들에게는 구세주 같은 존재이다. 비트코인이 크게 지지받았던 주된 이유이다.

인터넷은 국가로부터
독립된 공간이 될 수 있는가

1990년대 중반, 인터넷이 세계적으로 보급되기 시작한다. 인터넷은 컴퓨터들 사이의 연결망이다. 전기가 있고 통신이 연결된 컴퓨터만 있으면 전 세계 어디에서든 인터넷에 접속할 수 있다. 그 이전까지의 주요 통신 수단인 우편, 전화는 국가 제도 안에서만 존재할 수 있었다. 다른 나라와 전화를 하기 위해서는 국가 통신망에 접속해야 했고, 국가의 규제하에 외국과 소통할 수 있었다. 하지만 인터넷은 달랐다. 국가의 규제를 받지 않았다. 인터넷은 국가의 통제에서 벗어난 진정한 자유의 공간이었다.

당시 야후 등 인터넷 사이트에 가입할 때는 어느 나라 사람이냐, 어디에 살고 있느냐가 중요하지 않았다. 아이디와 비밀번호만 만들면 가입이 가능했고, 해당 사이트의 서비스를 이용할 수 있었다. 한국 사람이 아무 제약 없이 미국 사이트에 가입할 수 있었고, 마찬가지로 외국 사람도 한국 사이트에 가입해서 활동하는 게 가능했다. 국적이 필요 없고 제약이 없는 자유의 공간이었다. 인터넷상에서는 국가가 큰 의미 없었다.

이런 분위기를 보여주는 것이 〈사이버스공간 독립선언서〉이다. 1996년 미국의 사이버 운동가 존 페리 바를로John Perry Barlow는 인터넷은 국가의 통제와 규제에서 벗어나 완전한 자율성을 가진 독립적 공간이고, 따라서 인터넷에서는 정부의 어떤 규제도 있어서는 안 된다는 선언문을 작성해 발표했다. 그 주요 내용을 보면 다음과 같다.

- 우리는 우리가 뽑은 정부가 없을 뿐 아니라 그것의 필요성도 느끼지 않는다. 그래서 자유가 명하는 대로 네게 말하겠노라. 우리가 건설하고 있는 전 지구적인 사회 공간은 네가 우리에게 덮어씌우려는 독재와는 무관한 것이다. 너는 우리를 지배할 도덕적 권리도 없고 우리가 무서워할 만한 강제적인 방법도 갖고 있지 못하다.

- 우리 세계는 너희의 세계와 다르다. 사이버공간은 웹에서 이루어지는 의사소통의 물결처럼 계약과 관계 그리고 사유 그 자체로 이루어진다. 우리의 세계는 모든 곳에 있으면서 아무 곳에도 없지만 우리의 육체가 거하는 곳은 아니다. 우리는 인종, 경제력, 군사력, 태어난 곳에 따른 특권과 편견 없이 아무나 들어갈 수 있는 그런 세상을 만들고 있다. 우리는 비록 혼자일지라도 침묵과 동조를 강요당하지 않으면서 누

구나 어디에서나 그의 믿음을 표현할 수 있는 그런 세상을 만들고 있다. 너희의 재산, 표현, 정체성, 운동 콘텍스트에 관한 법적인 개념들은 우리에게 적용되지 않는다. 그것들은 물질에 기반하는데 사이버공간에는 아무런 물질이 없다. 우리의 정체는 너희와 달리 육체가 없기 때문에 물리적 강제력으로 질서를 만들 수 없다.*

이 〈사이버스공간 독립선언서〉는 세계적으로 이슈가 되었다. 인터넷은 정부와 독립된 공간이고 따라서 정부는 개입할 수 없고 그래서도 안 된다는 주장은 일반적으로 받아들여졌다. 국가의 제약이 없는 진정한 자유의 공간이 인터넷 세계였다.

그러나 이후의 추세는 인터넷 자유주의자들의 생각과는 다르게 흘러갔다. 인터넷에 대한 국가의 간여가 점점 많아졌고, 국가 간 장벽이 세워지기 시작했다.

1998년에 출시된 〈리니지〉의 경우를 보자. 〈리니지〉는 한국에서 한국 회사가 개발한 게임이었지만 다른 나라의 외국인들도 〈리니지〉에 들어와 게임을 했다. 다른 나라에 사는 외국인들도 인터넷을 통해 아이디를 만들면 아무 문제 없이 게임을 할 수 있었다. 그래서 초기 〈리니지〉에는 외국인들도 많았다. 아무 제약 없이 한국의 서버에 접속해서 게임을 즐길 수 있었다.

---

*   Jonh Perry Barlow, "Declaration of the Independence of Cyberspace"(1996. 2. 8), 박창호, 2001, 《사이버공간의 사회학》, pp. 66~67 번역문 참조.

그런데 〈리니지〉와 관련해서 많은 논란이 발생했다. 초등학생, 중학생들이 게임을 하느라 학교를 가지 않는 경우가 빈번해졌다. 또 게임 내에서 폭력 사태, 사기 사건도 벌어진다. 이런 사건들이 계속 발생하자 정부는 〈리니지〉에 대해 규제하기 시작한다. 어린 학생들의 플레이를 금지하고, 실명으로만 게임을 할 수 있게 했다.

어린 학생들의 플레이를 금지하기 위해서는 가입자의 나이를 체크하는 시스템이 있어야 한다. 또 실명 가입을 위해서는 인증 제도가 필요하다. 그런데 이런 인증 시스템은 한국인만을 대상으로 한다. 자연적으로 외국인은 게임에 접속할 수 없게 된다. 국적이 없던 〈리지니〉에 국적의 한계가 생겼다.

현재는 게임만이 아니라 포털 사이트에도 실명제가 도입되었고, 국가가 인정하지 않는 외국 사이트에도 접속하지 못하게 되었다. 또한 인터넷에 올리는 글과 영상에도 각종 규제가 적용되고 있다. 이제 인터넷 사이트는 전 세계인의 자유의 공간이 아니며, 어디까지나 해당 국가의 법 규제하에서 운영되는 서비스에 불과하다. 인터넷이 국가의 간여가 없는 자유로운 공간이라는 주장이 활발했다는 것은 그야말로 옛이야기가 되었다. 그런 이야기가 있었냐며 의아해할 정도로 잊힌 이야기가 되었다.

하지만 인터넷 초기 시절, 인터넷은 국가로부터 간섭받지 않는 자유로운 공간이라는 이념에 환호했던 사람들은 분명히 존재했다. 특히 인터넷 기술자, 컴퓨터 전문가들 사이에서 이런 사고방식이 강했다. 법학자, 사회과학자 중에는 이런 개념을 적극적으로 지지한 사람이 거의 없었지만, 컴퓨터 기술자들의 네트워크에서는 일반적이었다. 그러나 국가의 힘은 강했다. 국가의 개입이 없는 인터넷 공간이라는 건 몽상에 불과했다. 국가로부터 독립적인 인터넷은 존재하지 않았다. 인터넷은 국가의 간여, 규제하에 존재할 수 있는 공간일 뿐만 아니라 국민을 감시하고 통제하는 강력한 수단이 되기도 했다.

2000년대 중반이 넘어가면 인터넷은 어떤 면에서 봐도 정부로부터 독립된 공간이라고 볼 수 없게 되었다. 인터넷 독립론자들이 완전히 패배했다고 여겨질 무렵, 비트코인이 나온다. 비트코인도 정부로부터의 독립을 주장하며 나온 인터넷 기술이다. 특히 국가 금융기관의 통제에서 벗어나는 걸 목적으로 했다. 여기까지는 특별한 게 아니다. 초기 인터넷 기술도 모두 국가 통제에서 벗어나는 것이 목적이었다. 그런데 비트코인의 다른 점은, 정말로 국가의 간여가 불가능한 시스템이라는 점이었다. 생산과 유통 과정이 국가의 간여에서 벗어나 있었다. 이때까지 남아 있던 인터넷 독립론자, 사이버공간 자유주의자들에게 비트코인은 그야말로 구원의 상징이자 최후의 복음이 되었다.

# 세계정부, 국민국가, 그리고 비트코인

한 국가의 정부가 어느 정도의 역할을 해야 하는가에 대한 논의 외에, 세계정부에 관한 논의도 있다. 세상이 보다 나아지기 위해서는 세계정부가 더 좋은가, 아니면 국민국가 정부가 더 좋은가 하는 문제이다. 현재 세계정부에 해당하는 것은 국제연합UN, 유엔이다. 세계질서를 유지하기 위해서 유엔이 강력한 힘을 가지는 게 좋은가, 아니면 개별 국가가 힘을 가지는 게 좋은가에 관한 문제이다.

'세계정부'라는 개념이 사람들의 인식 속에 확실히 들어서고, 실제 이에 대한 논의가 본격적으로 시작된 것은 20세기 초 미국 윌슨 대통령 때이다. 당시 세계 각국은 열강으로 나뉘어 서로 분쟁했고, 결국 열강들 간의 '패싸움'인 제1차 세계대전이 발생한다. 제1차 세계대전은 군인들의 사망자가 900만을 넘어섰고, 부상자까지 합친 사상자는 3200만 명이 넘었다. 그때까지 유럽에서 일어난 전쟁들을 보면 군인들만 사망하고 민간인들은 전화에 휩쓸리지 않는 게 원칙이었다. 그런데 제1차 세계대전에서는 민간인 사상자가 엄청나게 나왔다. 사망자만 해도 군인보다 훨씬 많은 1900만 명이 넘어, 그때까지의 전쟁과는 결을 달리했다.*

그렇다면 어떻게 해서 이런 비극적인 전쟁이 일어나게 된 것일까? 각 국가는 독자적으로 자기 이익을 추구하는데, 이 개별 국가들을 조정하고 통제할 수 있는 존재가 없어서이다. 개인들 간에 분쟁이 발생하면 사법부가 판단하고 조정해서 큰 다툼이 발생하지 않게 한다. 하지만 국가들 사이에는 그런 조정자가 없다. 국가들 간의 이해관계를 조정하고 통제할 수 있는 주체가 있다면 전쟁이라는 비극을 막을 수 있다. 그래서 윌슨 대통령은 국제연맹League of Nations의 창설을 주장했다.

국제연맹의 의도는 좋았다. 다만 국제연맹이 조정권과 통제권을 가지면, 개별 국가들의 자유권이 제한받는다는 게 문제였다. 국제연맹이 결정하면 개별 국가는 그 지시에 따라야 한다. 개별 국가들은 그동안 자기 이익에 맞게 의사결정을 해왔는데, 국제연맹이라는 상위 국가가 생기는 것이다. 국가의 자율성이 제약되는 문제가 발생했

---

* 제1차 세계대전의 사망자, 부상자 수에 대한 내용은 〈위키백과〉 '제1차 세계 대전의 사상자'를 참고했다. https://ko.wikipedia.org/wiki/%EC%A0%9C1%EC%B0%A8_%EC%84%B8%EA%B3%84_%EB%8C%80%EC%A0%84%EC%9D%98_%EC%82%AC%EC%83%81%EC%9E%90

고, 이런 문제 때문에 결국 미국은 국제연맹에 참여하지 않는다. 그리고 국제연맹에 참여한 국가들도 연맹의 지시에 잘 따르지 않았다. 일본은 만주를 점령한 후, 만주를 중국에 돌려주라는 국제연맹의 지시에 반발해서 연맹을 탈퇴한다. 그렇게 해도 국제연맹은 일본을 제어할 수 없었다.

세계정부를 세우자는 국제연맹은 결국 해체되었지만, 그 이상과 꿈 자체가 사라진 건 아니다. 제2차 세계대전 이후 유엔이 만들어진다. 유엔은 세계 강대국들이 모두 참여하고, 문제 해결을 위해 군대 파견 권한까지 가지는, 그야말로 세계정부 역할을 할 수 있게 설립되었다. 하지만 유엔 역시 국제 문제를 해결하는 데 한계가 있었다. 개별 국가는 유엔을 위해 자기 이익을 희생하려 하지 않는다. 자국이 우선이고, 유엔은 후순위이다. 자국의 이익에 반하면, 유엔이 조정한다고 해도 이를 받아들이지 않는다. 문제가 크면 유엔평화유지군이 개입할 수 있다. 그러나 유엔의 이름으로 군대를 파견한다고는 하지만, 실제 주력 부대는 언제나 미군이다. 미군이 적극적으로 참여하면 유엔의 의지가 강제적으로 실현될 수 있지만, 미군이 뒤로 물러서면 유엔의 통제는 별 의미가 없게 된다. 미국으로서는 자국의 이익에 큰 영향이 없는 분쟁에 적극적으로 나설 이유가 없다. 지금은 유엔의 세계정부 역할에 대해 큰 기대를 하지 않고 있다.

그러나 세계정부에 대한 이상은 여전히 강하게 존재한다. 유럽연합EU은 세계정부까지는 아니지만, 그래도 지역적인 통합을 이루기 위해서 만든 조직이다. EU는 세계정부를 추구하는 사람들에게 모범적인 사례가 된다. 각국은 자기 통화를 쓰지 않고 유로 화폐를 이용한다. 화폐 발행권과 관리권을 포기하고, EU에 넘긴 것이다. 화폐 발행권이 있어야 재정정책, 통화정책을 자국에 맞게 실행할 수 있다. 각국의 정부는 EU에 재정정책, 통화정책 등의 큰 권한을 넘긴 것이다. 또 EU 국가들은 여권, 비자 없이 다른 나라로 이동할 수 있다. 국경 통제권을 EU에 넘겼다.

영국은 자국의 독자적인 정책을 시행할 수 없는 것에 반발해서 EU를 탈퇴했다(브렉시트). 국가 간 통합을 반대하고 자국의 독자성을 주장하는 사람은 많다. 하지만 자국의 독자성을 포기하더라도 국가 간 차이가 없었으면 하는 사람도 많다. 영국을 제외한 다른 나라들은 여전히 EU에 남아 있다. 그리고 영국의 브렉시트 선거에서도, EU에서 탈퇴해야 한다는 표가 51.89%, EU에 남아 있어야 한다는 표가 48.11%였다. 통합 정부를 주장하는 사람은 결코 절대적인 소수가 아니다.

이런 세계정부 논쟁에서 비트코인은 어떤 의미를 가질까? 세계정부를 바라는 사람들에게 통합의 상징으로 가장 중요한 것 중 하나가 바로 통화이다. 각국은 모두 다른 돈을 쓴다. 한국은 원, 일본은 엔, 중국은 위안이다. 나라를 옮길 때마다 돈을 바꾸어야 한다. 돈을 바꿔야 하니 결제 수단도 다르다. 요즘은 애플페이 등 다른 나라에서도 사용할 수 있는 지불 수단이 증가하고 있지만, 그래도 여전히 해외 결제를 하기 위해서는 많은 절차가 필요하다. 통합이 되면 통화가 일원화된다. EU로 통합되어서 가장 좋은 점은 환전을 하지 않아도 된다는 점이다. EU 통합 전에는 프랑스, 독일, 이탈리아를 갈 때마다 프랑, 마르크, 리라 등으로 환전을 해야 했지만, 통합 이후에는 어느 나라를 가든 유로만 들고 있으면 된다.

그런데 비트코인은 정부 통합 없이도 세계 어디에서든 사용할 수 있다. 각 나라의 통화로 환전할 필요도 없고, 따로 교환 절차를 거칠 필요도 없다. 어디에서든 비트코인으로 송금하고 수금할 수 있다. 국제기구나 통합조약 등을 따로 만들 필요 없이 바로 세계 통화로서 기능할 수 있는 것이다. 현재 세계 통화에 가장 가까운 것은 달러라고 할 수 있다. 하지만 달러는 국제 거래에서 사용되는 것이지, 일반 지출에서 사용할 수 있는 것은 아니다. 국제 무역에서는 달러를 사용한다. 하지만 일본 음식점에 가서 달러를 내면 받지 않는다. 한국 가게에서도 받지 않고, 중국에서 택시비로 내도 안 받는다. 그러나 비트코인은 일상생활에서도 지불 수단으로 사용할 수 있다. 진정한 세계 화폐로서의 잠재력이 있는 것이다.

세계정부를 주장하는 사람들은 단순히 정부 조직 자체가 중요하다고 생각하는 게 아니다. 세계정부를 통해서 화폐의 일원화, 이동의 자유, 분쟁의 조정 등을 원하는 것이다. 그런데 화폐 측면에서 비트코인이 세계 통화로 사용되면, 특별히 세계정부가 조직되지 않아도 된다. 비트코인이 활성화되면 자연히 세계적인 통화 일원화가 달성된다. 달러, 원, 위안 등 각 국가의 화폐가 따로 있어도 상관없다. 각국의 화폐가 있더라도 비트코인이 세계 각국에서 결제 수단이 될 수 있다면 실질적으로 국가의 제약이 없는 세계 화폐가 생기게 되는 것이다. 그래서 세계정부를 주장하는 이들에게는 비트코인이 굉장히 긍정적인 존재이다. 복잡한 국가 간 협의 과정 없이 그냥 세계적으로 통하는 국제 화폐가 나타난 것이다. 이들은 비트코인에 대해 굉장히 긍정적일 수밖에 없다.

물론 세계정부에 부정적인 사람들이 있다. 자국의 독자성이 훼손되는 것을 싫어하고, 자주권을 내놓는 것에 반대한다. 사실 대부분의 사람은 이런 쪽이다. EU는 서로 공통된 역사를 가지고 있는 유럽인들이 세계대전의 비극을 겪으면서 그 필요성을 느꼈기에 가능했던 것이다. 유럽 외 다른 국가들 사이에서는 이런 진전이 전혀 이루어지지 못하고 있다. 어느 나라나 자기들의 정체성을 위협하는 세계정부를 받아들이지 못한다. 이런 사람들에게 비트코인은 긍정적일 수가 없다. 자국 화폐를 포기하고 비트코인으로 대체한다? 비트코인이 자국의 자랑스러운 화폐와 동격의 위치를 갖는다? 그건 받아들일 수 없는 일이다. 국가와 민족의 정체성과 관련된 일이기 때문이다.

비트코인은 세계정부의 궁극적 이상 중 하나인 모든 나라의 화폐를 일원화하는 수단이 될 수 있다. 그래서 세계정부를 바라는 사람은 찬성하지만, 독자적인 정부를 원하는 사람은 찬성하기 힘들다. 세계정부를 추구하는 사람은 소수이다. 비트코인 추종자도 소수일 수밖에 없다. 하지만 세계 전체적으로 보면, '세계정부-통화 일원화' 입장에서 비트코인을 추종하는 사람은 적지 않게 존재한다.

 # 분권 vs 집권, 워싱턴 컨센서스 vs 베이징 컨센서스

조직론에는 오래된 논쟁이 하나 있다. 집권형 조직과 분권형 조직 중 어느 조직이 더 우수한가? 집권형 조직의 대표 격이 관료제이다. 관료제는 피라미드형 조직이다. 제일 위에 우두머리가 한 명 있고, 그 아래 몇 명의 부하가 있다. 그 부하들 아래에는 또 몇 명의 부하가 있고, 그 아래에 다시 몇 명의 부하가 있는 식으로 내려간다.

군대 조직이 관료제이다. 사단장 아래 연대장이 3~4명 있고, 연대장 아래 대대장, 중대장, 소대장, 분대장, 분대원이 있다. 회사 조직도 사장-부사장-전무-상무-부장-과장-대리-사원 등으로 이어지는 관료제가 기본이다.

관료제의 장점은 굉장히 효율적이라는 것이다. 조직의 장長이 한마디 하면, 조직 전체가 그 방향으로 움직일 수 있다. 조직의 힘이 한

점에 모이기 때문에, 목적 달성에 더할 나위 없이 효율적이다. 그런데 단점도 있다. 조직의 하부 단위 사람은 기계 부속품 같은 취급을 받게 된다. 어느 한 명이 사라지고 다른 사람으로 대체되어도 조직 전체에 아무런 충격이 없다. 무엇보다 조직의 장이 잘못된 방향으로 가면 조직 전체가 잘못된다. 현명한 왕이 나오면 더없이 좋지만 폭군이 나오면 조직 전체가 위험해진다. 대통령을 잘못 뽑으면 나라가 흔들리는 건 관료제 때문이다.

근대 조직의 기본은 관료제였다. 그런데 이런 관료제의 문제 때문에 비집권형 조직의 필요성이 대두되어 분권형 조직이 도입된다. 분권형 조직에는 여러 형태가 있다. 태스크포스Task Force, TF, 프로젝트 조직, 애드호크라시adhocracy, 네트워크 조직, 매트릭스 조직 등이 있는데, 현대 사회에서 가장 대표적인 분권형 조직은 팀team제이다. 팀제의 가장 큰 특징은 팀 내에는 상하관계가 없다는 점이다. 다른 팀과의 관계에서도 높고 낮음 없이 대등하다. 팀들은 각기 자기 목표를 달성하는 데 초점을 둔다. 목표를 달성하는 한, 팀이 어떻게 운영되든 특별히 신경 쓰지 않는다. 팀제는 유연성과 적응성이 좋다는 게 장점이다. 단점은 중앙 통제가 잘 이루어지지 않아 일탈하는 경우가 많다는 점이다. 참고로 한국에서 운영되는 팀제는 관료제에 이름만 바꿔 단 경우가 많다. 한국의 팀제를 보고 팀제가 이런 거구나 하면 안 된다.

조직론에서는 상부의 통제에 따라 하부 조직이 움직이는 집권형 조직이 우수한가, 아니면 하부 조직이 자율성을 가지고 중앙 통제

없이 자기 의도대로 움직이는 것이 좋은가를 두고 의견이 충돌한다. 현재는 집권형 조직이 더 많다. 하지만 앞으로 추구해야 할 방향으로 제시되는 건 분권형 조직이 더 많다. 현실은 집권형 조직이지만, 보다 이상적인 조직은 분권형 조직이라고 생각한다. 현실에 저항하며 분권형 조직을 지향하는 사람들이 많다는 뜻이다.

국제 정치·경제 분야에서도 이와 비슷한 다툼이 있다. 워싱턴 컨센서스와 베이징 컨센서스의 대립이다. 워싱턴 컨센서스는 개도국이 발전하기 위해서는 자유화와 시장 중심의 개혁이 중요하다고 주장한다. 민간이 자유롭게 경제활동을 하도록 하고, 정부 통제와 간섭을 줄여야 한다. 다른 나라에는 개방적인 정책을 취하여 수출과 수입, 특히 수입이 자유롭게 이루어질 수 있도록 해야 한다. 워싱턴 컨센서스는 그 이름에서 알 수 있듯이 미국 중심의 자유주의에서 나온 개념이다. 통제가 아닌 자유, 간섭이 아닌 자율, 집권이 아닌 분권, 규제가 아닌 자발적 노력을 중시한다.

이에 반해 베이징 컨센서스는 정부 주도의 개혁과 혁신을 중시한다. 정부가 나서서 산업 발전을 지휘하고 이끈다. 정부는 일반 국민보다 더 많은 정보를 가지고 있고 공익에 더 기여하는 존재이다. 민간이 일정한 목적 없이 우후죽순처럼 활동하면 국가가 한 방향으로 나아가기 힘들다. 국가가 민간이 나아가야 할 방향을 제시하여, 한 방향으로 초점을 맞출 수 있도록 해야 국가의 바퀴가 더 잘 굴러갈 수 있다. 즉 정부가 앞장서서 이끌 때 경제 개발을 더 잘 달성할 수 있다. 정부의 적극적인 지원과 보조, 조언 및 방향 제시와 정책 집행이 이뤄질 때 국가 발전이 더 잘 이루어질 수 있다. 베이징 컨센서스는 그 이름처럼 중국에서 주로 개발되고 제시된 개념이다. 미국의 시장 중심의 민간 자율적 발전 방향과 중국의 국가 주도적 발전 방향이 워싱턴 컨센서스와 베이징 컨센서스라는 이름으로 대립하고 있다.

비트코인은 둘 중 어느 쪽에 잘 맞을까? 어떤 사람이 비트코인을 지지하고, 어떤 사람이 반대할까? 비트코인은 대표적인 분권형 시스템이다. 지휘 통제 조직도 없고, 일원적인 지원 조직도 없다. 심지어 조직의 경계도 없다. 누구든지 쉽게 비트코인 생태계에 들어갈 수 있고, 또 쉽게 떠날 수 있다. 비트코인은 분권형 시스템 중에서도 극단적 형태에 속한다.

그래서 집권형 조직을 지지하는 사람은 비트코인에 대해 부정적이다. 그러면 분권형 조직을 지지하는 사람은 모두 비트코인을 지지할까? 그것도 아니다. 분권형 조직에는 분권의 정도에 따라 여러 유형이 있다. 분권형 조직을 지지한다고는 하지만, 막상 극단적 분권형을 지지하는 사람은 거의 없다. 대부분은 집권형과 분권형이 조화된 상태가 이상적이라고 본다. 비트코인 같은 완전한 분권형에 대한 지지자는 별로 없다.

별로 없기는 하지만, 그래도 완전 분권형을 지지하는 사람들이 있다는 게 중요하다. 이런 사람들에게 비트코인은 이상적인 조직 형태이다. 현실에서 과연 이런 분권형 조직이 나올 수 있을지 확신할 수 없었는데, 비트코인 조직 시스템은 무려 15년 넘게 작동하면서 계속 성장하고 있다. 극단적 분권형도 제대로 운영될 수 있다는 것을 보여주는 실제 사례로서 비트코인만 한 게 없다. 지지자가 소수이긴 하지만 강력한 팬덤을 가지고 적극적으로 지지한다. 이런 건 힘이 있다. 쉽게 사라지지 않고 확장력이 있다. 조직론적으로 볼 때 비트코인은 그런 이상적인 사례로서 막강한 힘을 가진 존재이다.

워싱턴 컨센서스와 베이징 컨센서스에서도 마찬가지이다. 베이징 컨센서스를 지지하는 사람들은 비트코인을 받아들일 수 없다. 하지만 워싱턴 컨센서스를 주장하는 사람들에게 비트코인은 중앙정부의 통제와 간여 없이 민간 자율의 힘으로 세계에 큰 영향을 끼치는 성공 사례로서 최적이다. 더구나 비트코인은 여러 정부의 반대, 탄압, 규제에도 불구하고 계속 성장해왔다. 사람들이 널리 받아들이는 것을 정부가 통제하려 하는 게 별 소용 없다는 것, 정부가 미래를 잘 예측하지 못한다는 것, 정부의 규제가 큰 효과가 없다는 것, 한 나라에서의 규제가 세계적 흐름과는 아무 관련성이 없다는 것을 비트코인만큼 잘 보여주는 건 없다. 비트코인은 사기이고 무가치하고 단지 국민을 현혹할 뿐이라면서 이를 금지한 여러 나라들이 지금 얼마나 우스운 모양새가 되었는가. 정부가 미래를 잘 알지도 못하고 함부로 규제를 남발한다는 실증적 사례가 비트코인이다.

그래서 워싱턴 컨센서스를 주장하는 사람들에게 비트코인은 자신의 주장을 지지해주는 소중한 사례이다. 이들에게 비트코인은 베이징 컨센서스를 비판할 수 있는 좋은 실례로서 버릴 수 없는 소중한 자산이다.

비트코인은 조직론과 국제정치경제학에서도 중요한 존재이다.

그래서 분권형 조직 추종자, 워싱턴 컨센서스를 주장하는 사람들 가운데서 비트코인의 팬이 나온다. 비트코인은 이들에게 없어져서는 안 될 상징적 존재이다.

2장의 이야기를 정리해보자. 비트코인은 정부의 통제에서 벗어나는 것을 목적으로 하는 시스템이다. 이건 동양의 절대적 정부 권한 개념에서는 받아들일 수 없는 이야기이다. 하지만 서양의 역사에서는 정부의 권한을 벗어나는 독자적인 영역이 인정된다. 서구의 자유주의적 정치 이념에서는 비트코인이 충분히 존속해나갈 수 있다.

    세상에는 정부의 역할을 제한하는 것에 찬성하는 사상적 흐름이 있다. 무정부주의자, 세계정부주의자, 그리고 인터넷 독립론자 등이 대표적이다. 워싱턴 컨센서스, 분권론자도 마찬가지로 정부 역할의 제한을 주장한다. 이런 주장의 가장 상징적인 예가 비트코인이다. 비트코인의 골수팬은 이런 사고방식을 가진 사람들 가운데 나온다. 이들에게 비트코인은 포기할 수 없는, 세상에서 사라져서는 안 되는 중요한 존재이다.

3장

비트코인에 대한 인식 변화

비트코인에 대한 인식 변화

비트코인은 2009년에 이 세상에 나왔다. 그 이후 2025년 현재까지 비트코인 그 자체는 거의 변한 게 없다. 처음 만들어질 때 계획됐던 대로 일정표에 따라 계속 생산되고 있다. 비트코인을 바꾸려는 시도가 없었던 건 아니다. 보다 빠르고 편리하게 작동시키려는 시도, 더 많이 발행하려는 시도가 있었다. 그렇게 비트코인에 변화를 주려던 집단들은 비트코인에서 갈라져 나갔다. 비트코인캐시, 비트코인SV 등 다양한 가상자산이 비트코인에서 분리되어 나갔다. 비트코인은 그런 변화 없이 처음 만들어진 의도대로 고수하려는 집단에 의해 유지되어왔다. 그렇게 비트코인은 처음 만들어졌을 때의 모습을 그대로 유지하고 있다.

비트코인에 있어서 달라진 건 그 가격과 사람들의 인식이다. 우선 가격은 어마어마하게 올랐다. 가격이 없다가 생겼고, 1만 비트코인으로 피자 한 판을 살 수 있었다가 2024년에는 1억 원을 넘었다. 2015년 이후 최근 10년만 봐도 2만% 이상 올랐다. 이렇게 가격이 오르다 보니 이제는 세계 거의 모든 사람이 비트코인을 알게 되었다.

비트코인과 관련해서 가격만큼 극적으로 변한 게 있다. 바로 비트코인에 대한 사람들의 인식이다. 비트코인은 처음에 화폐의 대체물로 출발했다. 하지만 지금은 화폐로 사용될 수 있느냐 여부가 중요한 논점이 아니게 되었다. 이제는 화폐보다는 자산으로서의 중요성이 훨씬 더 크다. 비트코인은 화폐에서 자산으로 변화되었다.

또 하나, 비트코인은 원래 정부에 위협적인 존재였다. 비트코인은 화폐를 대체하려 했다. 그런데 화폐는 정부가 독점적 권한을 가지는 것이다. 정부의 고유 권한인 화폐를 건드리는 비트코인이 정부에게 곱게 보일 리 없다. 세계의 여러 나라가 비트코인을 금지했고, 금지하지 않더라도 규제하면서 여러 제한을 걸었다.

그런데 현재는 비트코인이 정부의 보완적 존재가 되어가고 있다. 특히 미국에서 이런 경향이 강해지고 있다. 비트코인을 달러에 대한 위협이 아닌 보완적 존재로 인식하고 받아들이고 있다. 미국이 비트코인을 반정부적 존재가 아닌 달러를 보완하는 정부 보조적 존재로 받아들이면, 전 세계 다른 나라들의 시각도 크게 달라질 수밖에 없다.

비트코인이 화폐에서 자산으로, 정부 위협적 존재에서 보완적 존재로 바뀐 것은 같은 시점에 동시에 일어난 게 아니다. 그동안 비트코인이 걸어온 길을 돌아보면, 이 두 방향에서 인식이 바뀌게 된 시기는 대강 다음의 표와 같다.

비트코인에 대한 인식 변화

	시기	비트코인의 기능	달러, 정부에 대한 태도
1기	비트코인 탄생~ 2017년 대폭등	비트코인은 화폐	달러에 위협, 정부에 위협
2기	2017년 대폭등~ 트럼프 2기 정권 이전	비트코인은 자산	달러에 위협, 정부에 위협
3기	트럼프 2기 정권 이후 (2025년 이후)	비트코인은 자산	달러의 보완, 정부에 도움

이 각각의 시기별로 비트코인에 대한 정부와 사람들의 인식이 어떻게 변화해왔는지 자세히 살펴보자.

1기: 비트코인의 탄생~2017년 대폭등

1기는 비트코인이 탄생하고부터 2017년 비트코인 가격이 대폭등할 때까지이다. 비트코인은 대체 화폐를 목적으로 태어났다. 그래서 비트코인 한 개 가격이 100만 원을 넘고 어느 정도 사람들에게 알려진 다음부터는 비트코인이 과연 화폐가 될 수 있느냐에 대한 논의가 많이 이루어졌다. 화폐란 무엇인가에 대한, 즉 화폐의 정의 문제부터 시작해서, 화폐의 성격과 특성 등을 살피면서 비트코인이 과연 그런 화폐의 조건에 부합하느냐를 놓고 이야기했다. 화폐에 대해 전문적으로 배우는 사람들은 경제학자들이다. 그래서 비트코인-화폐 논쟁에서는 '반드시'라고 해도 좋을 정도로 경제학자들이 참여해 이야기했다.

한국에서 진행된 유명한 논쟁은 비트코인이 폭등해 많은 사람들의 주목을 받던 2018년 1월에 있었다. JTBC에서 유시민 작가와 정재승 교수, 한호현 교수 등을 논객으로 초청해 진행한 비트코인에 대한 토론회이다. 비트코인의 미래에 대해 공개적으로 토론하는 자리였는데, 이들의 첫 논의 주제가 바로 '화폐란 무엇인가'였다. 비트코인 찬성 측에서는 비트코인이 화폐를 대체할 수 있고 따라서 비트코인은 계속 존속할 수 있다고 주장했고, 반대 측인 유시민 작가는 비트코인은 절대 화폐가 될 수 없고 따라서 곧 사라질 것이라고 주장했다. 화폐인가 아닌가, 이 시기에는 그게 가장 중요한 사항이었다.

이렇게 비트코인이 화폐를 대체하겠다고 나서니, 정부 눈에 곱게 보일 리가 없었다. 화폐는 어느 나라나 정부가 독점하는 대상이다. 그런데 비트코인이 바로 그 독점권을 건드리고 있다. 정부 입장에서 볼 때 비트코인은 반정부적 존재였다.

그리고 비트코인보다 더 큰 사회적 문제가 있었다. 비트코인을 추종하는 가상자산들이 우후죽순 만들어졌고, 수많은 가상자산이 사람들 사이에서 거래되었다. 그런데 이런 가상자산은 수많은 피해자를 만들어냈다. 일단 사기가 많았다. '이 가상자산을 지금 사두면 앞으로 폭등할 것이다. 그러니 빨리 사라'는 식의 투자를 가장한 사기 행태가 많이 나타났다. 이런 분야에서 투자와 사기는 말 그대로 '한 끗' 차이이다. 원금을 보장한다 하면 사기이고, 수익을 보장한다 해도 사기이다. 가상자산 투자 관련 사기 사건이 수없이 발생했는데, 이 모든 가상자산이 홍보할 때 빠뜨리지 않고 언급한 게 바로 비트코인이었다.

'자, 비트코인을 보라! 가격이 이렇게 많이 오르지 않았는가. 우리 가상자산도 이처럼 될 것이다, 아니 우리 가상자산이 비트코인보다 더 좋으니, 이게 오히려 비트코인보다 더 유망할 것이다'라는 게 주요 마케팅 포인트였다. 그러니 정부에서는 직접 사기에 사용되는 가상자산뿐만 아니라 비트코인에 대해서도 부정적인 시각을 가지게 된다.

이 시기, 많은 나라에서 비트코인과 가상자산을 금지했다. 한국도 비트코인 거래소의 폐쇄를 언급했다. 당시 비트코인 거래소의 폐쇄를 발표했던 건 박상기 법무부 장관이었다. 비트코인 투자자들 사이에서는 잊을 수 없는 소위 '박상기 사태'였다. 당시 가상자산 관련 사기 사건이 많이 발생했고, 그 사기 사건을 검찰-법무부에서 관할했기에, 법무부 관련자들에게 비트코인과 가상자산은 사기성 존재로밖에 생각되지 않았다. 가상자산 거래소를 폐쇄할 계획이라는 발표에 비트코인 등 가상자산을 거래하는 수많은 젊은 층들이 대통령 탄핵을 부르짖었고, 이런 반발에 정부는 그 발표를 거둬들인다. 시민들의 거친 반발에 거래소 폐쇄는 하지 않았지만, 정부가 그만큼 비트코인과 가상자산을 부정적으로 보았던 건 분명하다.

한편 비트코인을 긍정적으로 보는 시각에서는, 비트코인은 블록체인으로 대표되는 혁신 기술이었다. 비트코인은 블록체인이라는 신기술을 바탕으로 한다. 블록체인은 4차 산업혁명을 대표하는 기술이고, 블록체인이 활성화되면 사회의 투명성이 높아지고, 모든 면에서 지금보다 훨씬 더 편리해진다. 가상자산은 블록체인이 운영되기 위한 필수적 요소이다. 비록 현재 가상자산과 관련된 사기 사건이 발생하기는 하지만, 이건 신산업 발달 초창기의 부작용일 뿐이다. 이런 부작용이 있다고 해서 가상자산 시장을 죽여서는 안 되고, 오히려 보다 본격적으로 블록체인, 가상자산이 활성화되어야 한다고 보았다.

비트코인과 가상자산은 정부가 규제해야 할 대상인가, 활성화해야 할 대상인가에 대한 논쟁이 심화되었는데, 정부의 기본 입장은 부정적이었다. 금지하고 싶은데 금지하기 힘든 대상, 그게 바로 비트코인이었다.

비트코인이 화폐인가 아닌가, 화폐를 대체할 수 있는가 아닌가의 논쟁, 그리고 비트코인이 정부 권한을 침해하고 사기의 주요 수단이라는 정부의 관점, 이 두 가지가 1기의 주요 특징이었다.

2기: 2017년 대폭등~2025년 트럼프 정권 이전

2017년 하반기부터 2018년 초까지, 비트코인은 그야말로 대폭등했다. 2017년 초, 비트코인은 100만 원대였다. 2017년 봄부터 오르기 시작하더니 10월경에는 600만 원까지 올랐다. 이렇게 폭등하면 어떤 종목이든 사람들의 관심을 끌기 마련이다. 언론에서 비트코인을 언급하는 횟수가 점점 많아지고, 사람들의 관심도도 높아졌다. 그러다가 1000만 원을 돌파하고 2000만 원도 넘어섰다. 비트코인이 연일 신문, 방송, 인터넷을 도배했다. 일반 대중들이 비트코인에 대해 알게 된 게 바로 이 시기였다. 이전에 비트코인을 알고 있던 사람은 소수의 관심 있는 이들 정도였다. 이런 변화는 한국만의 현상이 아니었다. 전 세계 사람들이 같은 경험을 하며 비트코인을 알게 된 시기이다.

사람들 사이에 비트코인이 알려지게 된 건 비트코인계에는 긍정적이라 볼 수 있다. 그러나 비트코인 가격이 1000만 원을 넘어서면서, 실제로 비트코인이 화폐로 사용될 가능성은 적어졌다. 비트코인이 화폐로 사용된다는 기대감이 증가하고, 달러 등 현실 화폐를 대체한다는 이야기가 확산되었지만, 실질적으로 하나에 1000만 원이 넘는 것이 일상생활에서 화폐로 사용되기에는 한계가 있다. 5000원짜리 커피를 마시려면 0.0005개의 비트코인을 지불해야 한다. 1500원짜리 볼펜을 사려면 0.00015개를 송금해야 한다. 소수점 4~5자리까지 계산해야 하는 건 일상생활에서 너무 불편하다. 소수점 한 자리만 실수해도 10배 금액의 오류가 발생한다. 물론 이에 대한 반론은 있다. 비트코인의 세부 단위로 사토시_satoshi_가 있다. 1비트코인은 1억 사토시이다. 사토시를 사용하면 소수점 거래는 하지 않을 수 있다. 그러나 사람들은 비트코인은 알아도 사토시는 모른다. 지금 당장은 소수점 거래를 해야 한다. 그런 불편함을 감수하고서라도 비트코인으로 거래하겠다고는 하지 않는다.

그런데 비트코인은 그 이후에도 계속 올랐다. 5000만 원이 되고, 1억 원이 된다. 일상생활에서 화폐로 사용될 가능성은 점점 낮아진다. 하지만 화폐로 사용될 가능성이 낮아진다고 해서 그 효용성도 적어지는 건 아니다. 화폐 이외의 용도가 주목받기 시작했다. 바로 자산으로서의 효용성이다. 그냥 자산이 아니라, 자산운용사 등 투자회사가 관심을 갖는 자산이다.

자산은 가치가 크고 보관하기 편하면서도 현금 교환 가능성이 높아야 한다. 현재 일반적인 자산으로 인정받는 것은 부동산, 주식, 채권, 금 정도이다. 자동차나 명품백도 자산 아니냐고 질문할 수 있는데, 그런 건 일반인들에게는 중요한 자산일 수 있지만, 자산운용사에는 의미 있는 자산이라 하기 힘들다. 명품백이 수천만 원 할 수 있지만, 몇백억, 몇천억을 다루는 자산운용사가 관심을 가질 규모는 아니다. 무엇보다 자산은 제 가격에 팔 수 있어야 하는데, 이런 건 제값으로 현금화하기가 쉽지 않다.

비트코인의 가격이 낮았을 때는 자산으로 활용될 수 없었다. 그러나 비트코인 하나의 가격이 수천만 원을 하게 되면서 자산으로서의 가능성이 높아졌다. 가치가 크고, 보관하기 편하고, 또 언제든 할인하지 않으면서 현금화가 가능하다. 그동안 투자사, 자산운용사들의 주요 자산 상품에는 주식과 채권밖에 없었다. 부동산도 제값 받고 현금화하기가 쉽지 않아 정식 투자 대상이 아닌 '대체 투자' 대상이다. 그런데 이제 주식, 채권 외에 자산으로 활용할 수 있는 것이 나타났다.

비트코인이 자산으로서 관심을 받게 된 건 크게 두 가지 이유에서이다. 우선 가격 상승이다. 자산 시장에서 미래 가격을 판단하는 주요 기준 중 하나는 과거의 실적 추세이다. 과거에 계속 올랐으면 앞으로도 오른다고 본다. 과거에 계속 '죽을 쑤었으면' 앞으로도 그럴 거라고 본다. 비트코인은 단기적으로는 급등락을 계속했지만, 장기적으로는 분명 계속 우상향 곡선을 그리며 올랐다. 10년 넘게 계속 우상향한 자산 종목은 정말 보기 힘들다. 그런데 비트코인은 이런 장기간 우상향을 계속 이어왔다. 이러면 특별한 반전이 있지 않는 한 앞으로도 이런 추세가 지속된다고 본다. 앞으로 오를 가능성이 크다면, 자산으로 편입해둘 가치가 생긴다.

다른 하나는 비트코인이 주식, 채권 등과 상관관계가 적다는 점이다. 포트폴리오 이론에서는 서로 상관관계가 적은 종목들로 자산 구성을 하라고 한다. 투자운용사 입장에서 중요한 것은 이익 극대화보다 손실 최소화이다. 손실이 나면 돈을 맡긴 자산가들이 돈을 빼간다. 그러면 투자운용사의 생존이 위험해진다. 큰 손실을 보지 않는 것, 이게 가장 중요하다. 이익을 내지 못한 펀드매니저는 생존할 수 있어도, 손실을 본 펀드매니저는 해고를 당한다. 그리고 손실을 최소화하기 위한 가장 좋은 방법은 서로 상관관계가 적은 종목들로 포트폴리오를 구성하는 것이다. 이러면 몇몇 종목에서 큰 손해가 나도 전체적으로는 손해가 크지 않게 조절할 수 있다.

다른 종목과 상관관계가 적은 종목을 찾는 건 투자운용사에 있어 굉장히 중요한 과제였다. 그런데 비트코인은 주식시장과 상관관계가 굉장히 낮다. 단기적으로는 미국 나스닥 지수와 비슷하게 움직이는 경우가 있지만, 장기적으로는 상관관계가 낮다. 이러면 투자운용사 입장에서는 충분히 비트코인을 자산에 포함시킬 수 있다.

비트코인이 화폐에서 자산으로 이동한 것을 가장 상징적으로 보여주는 사건은 '비트코인 ETF'의 출시이다. 캐나다에서 2021년 2월 처음 출시되었고, 독일과 브라질 등이 뒤를 이었다. 그리고 2024년, 미국에서 비트코인 ETF가 출시된다.

비트코인 ETF는 비트코인 가격에 따라 연동하는 주식형 펀드이다. 주식시장에 상장되어 일반 주식처럼 거래할 수 있다. 그런데 그냥 비트코인을 사면 되지 왜 ETF를 살까? 일반인이라면 그냥 비트코인을 사고팔면 된다. 굳이 ETF를 거래할 필요가 없다. 오히려 ETF는 운용 수수료가 포함되어 비용이 더 든다. 비트코인 ETF는 기관투자자를 위한 것이다. 자산운용사는 보유 및 운용할 수 있는 자산 종류를 '상장 주식', '상장 주식 중 시가 일정 규모 이상' 등으로 제한하는 경우가 많다. 이런 제약이 있으면 비트코인이 아무리 유망하다 하더라도 직접 구매하기는 어렵다. 설사 구매하더라도 어떻게 회계 처리할지도 애매하다. 비트코인 ETF로 거래하면 그런 문제들이 없어진다. 그냥 주식처럼 취급하면 된다.

비트코인 ETF의 출시는 비트코인이 화폐라기보다는 자산, 특히 투자자산으로 받아들여졌다는 걸 의미한다. 화폐라면 ETF로 출시

될 수 없다. 비트코인은 화폐에서 자산으로 바뀌었다.

비트코인의 이런 변화 속에서도 비트코인에 대한 정부의 인식은 거의 변하지 않았다. 비트코인은 정부의 권한을 제약하고 자국 통화를 위협하는 위험물이다. 미국에서 비트코인 ETF가 출시된 건 금융당국이 비트코인을 긍정적으로 보아서가 아니었다. 최소한 중립적으로 본 것도 아니다. 여전히 부정적이었지만, 법원에서 비트코인 ETF를 허가하지 않는 이유가 타당하지 않다고 판결했기 때문에 어쩔 수 없이 인정한 것이다. 그렇다고 법원이 비트코인에 대해 긍정적으로 본 것도 아니다. 금융당국은 비트코인 ETF가 가격 조작 가능성이 있고 투자자 보호에 위험이 있을 수 있다고 반대했지만, 법원은 그런 가능성이 있다는 이유로 ETF 출시를 막는 건 타당하지 않다고 보았다. 미국 법 원칙은 나쁜 일이 발생할 가능성이 있다는 이유로 뭔가를 금지하지 않는다. 실제 해악이 발생해야 금지한다. 즉 법원도 비트코인을 좋게 봐서 ETF를 허용한 건 아니라는 의미이다.

한국에서도 비트코인과 알트코인은 어디까지나 규제 대상일 뿐이었다. 다만 사람들이 워낙 많이 이용하는 현실을 고려해서, 제대로 인증된 거래소에서의 일반인 거래만 인정한 것이다. 그 외의 사항은 모두 금지이다.

정부가 계속 부정적으로 보는 와중에, 비트코인은 화폐에서 자산으로 이동했다. 한국에서는 비트코인이나 알트코인을 보통 암호화폐라고 불러왔는데, 이 명칭을 '가상자산'이라고 바꿔 부르게 된 것도 이때부터이다. 이게 이 시기의 주요 변화이다.

3기: 2025년 트럼프 정권 이후

트럼프는 2017년에서 2021년까지 미국 대통령이었다. 재선에 실패했으나, 2024년 다시 도전해 대통령으로 당선되고 2025년부터 트럼프 2기 시대가 시작되었다. 비트코인과 관련해서 트럼프는 굉장히 상징적이다. 트럼프는 원래 비트코인에 굉장히 부정적이었다. 비트코인, 가상자산은 사기라고 공공연하게 말했다. 그런데 2기 대통령 선거 과정에서부터는 완전히 다른 모습을 보여주었다. 미국을 가상자산의 수도로 만든다고 하고, 미국이 비트코인 초강대국이 될 것이라고 했다. 또 비트코인을 미국의 전략 자산으로 삼겠다고도 했다. 대통령이 된 다음에는 실제 미국이 보유하고 있는 비트코인을 더 이상 팔지 못하도록 조치했다. 전략 자산으로 삼기 위한 전제 조건이었다.

트럼프의 비트코인 정책이 기대에 못 미친다, 시장에 혼란을 주어 비트코인 가격이 오히려 떨어졌다 등등 비판도 많다. 그러나 한 가지 부인할 수 없는 게 있다. 그동안 정부는 비트코인에 항상 부정적이었다. 그런데 트럼프 2기부터는 정부가 비트코인에 대해 긍정적 시각을 가지게 되었다. 일반인과 투자자 사이에는 비트코인에 대한 긍정적인 시각이 많이 있었다. 하지만 정부 수준에서는 거의 없었다. 비트코인을 법정화폐로 인정한 베네수엘라, 중앙아프리카공화국 정도가 다였다. 그런데 이 두 나라는 세계에서 주류로 인정받는 국가가 아니다. 대부분의 나라에서는 이들 나라의 비트코인 친화 정책이 오류이고 실수라고 비판했다. 그러나 미국의 친화 정책은 이야기가 다르다. 정부가 비트코인을 긍정적으로 받아들이고 있다는 신호가 된다. 그동안 비트코인에 항상 날을 세우던 정부가 비트코인을 수용하기 시작하는 전환점이 된다.

비트코인 같은 가상자산이 미국에, 그리고 달러에 긍정적일 수 있다는 것이 알려지게 된 것은 2020년대 이후이다. 이때 비트코인 등의 가상자산 시장에 큰 변화가 일어난다. 소위 스테이블코인이 급성장한다. 스테이블코인은 한 개에 1달러로 가격이 고정된 코인이다. 테더USDT나 USD코인USDC이 대표적이다.

그동안 비트코인 등 가상자산의 주요 문제점으로 지적된 것이 심한 가격 변동성이었다. 지불 수단으로 사용되기에는 그 변동성이 너무 심하다. 그런데 스테이블코인은 한 개에 1달러로 가격이 고정된다. 이러면 평상시에 충분히 지불 수단으로 사용될 수 있다. 실제 가상자산 시장에서의 거래에는 스테이블코인이 주로 사용된다. 스테이블코인을 구입해서, 그것으로 비트코인이나 이더리움 등을 산다. 그리고 비트코인을 팔면 그 금액을 스테이블코인으로 보관한다. 또한 비트코인은 시세에 따라 가격이 오르락내리락한다. 급등할 수도 있지만 폭락할 수도 있다. 이게 싫은 사람은 스테이블코인으로 보관하면 안심이 된다. 항상 동일한 달러 가치를 유지할 수 있다. 스테이블코인이 가상자산 생태계에서 새로운 화폐로 기능하고 있는 것이다. 비트코인은 자산이고, 화폐 역할은 스테이블코인이 한다.

그런데 이 스테이블코인이 미국 달러의 역할과 연결된다. 스테이블코인은 '1코인=1달러'로 발행된다. 다른 화폐로 발행될 수도 있지만, 실제 스테이블코인의 99%가 미국 달러와 연계된다. 실질적으로 가상자산 시장은 미국 달러화로 표시되고, 달러로 거래되는 것이다.

현재 달러가 세계를 지배하는 기축통화이기는 하지만, 실제 세계 무역에서 달러가 차지하는 비율은 53%, 각국의 중앙은행 외환보유고에서의 달러 비중은 60% 정도이다. 달러가 기축통화이기는 하지만, 유로도 22% 이상 사용되고, 일본 엔도 6%나 차지한다. 그리고 중국은 위안화를 기축통화로 만들기 위해 위안화 결제를 계속 늘리려고 한다. 미국 달러가 큰 비중이기는 하지만 아주 압도적인 건 아니다. 그런데 가상자산 시장에서는 달러 기반 스테이블코인이 99%를 차지하고 있다. 달러가 실제로 지배하는 세상은 가상자산 시장인 셈이다. 비트코인, 가상자산은 달러의 위상을 갉아먹는 존재가 아니었다. 오히려 달러의 위상을 높여주는 달러 친화적인 존재였다.

달러의 위상보다 더 중요한 게 있다. 1달러로 가치가 고정된 스테이블코인은 그냥 발행되는 게 아니다. 발행사에 충분한 자금이 있다는 걸 보여주고, 그걸 담보로 코인을 발행해야 사람들이 신뢰하고 받아들인다. 담보 없이 그냥 1달러 코인을 발행하면 아무도 쳐다보지 않는다. 그런 코인은 부도가 날 수밖에 없다.

스테이블코인을 발행할 때 담보를 마련하는 방법에는 세 가지가 있다. 하나는 직접 달러를 보유하는 것이다. 100만 달러를 보유하고, 100만 달러어치 코인을 발행하는 방식이다. 다른 하나는 증권을 보유하고 이것을 담보로 코인을 발행하는 방식이다. 이때 증권은 가치가 안정적이어야 한다. 세계적으로 가장 가치가 안정적인 증권은 미국 국채이다. 보통 미국 국채를 보유하고, 이걸 기반으로 코인을 발행한다. 마지막으로 가상자산을 담보로 하는 경우가 있다. 비트코인을 보유하고 이걸 기반으로 스테이블코인을 발행하는 식이다. 그런데 가상자산은 가격 등락이 심하다. 크게 폭락하면 담보가 부족해서 문제가 될 수 있다. 2022년 테라·루나 사태는 가상자산을 담보로 한 스테이블코인의 문제점이 드러난 사건이었다. 테라는 스테이블코인으로 1달러 가치 고정이었다. 그런데 그 담보가 루나였다. 루나가 대폭락하자 테라의 가치도 유지될 수 없었고, 둘 모두 폭락했다.

결국 1달러 가치로 발행되는 스테이블코인은 달러나 미국 국채를 담보로 삼고 있는 것이다. 미국은 자국 국채를 계속 사줄 소비자, 투자자가 필요하다. 그런데 가상자산 시장에서 엄청난 액수의 미국 국채를 구입하고 미국 달러를 보유한다. 미국 국채와 달러를 계속 찾는 수요자가 있어야 달러의 가치가 유지될 수 있다. 가상자산 시장은 미국 달러 가치를 유지시키는 주요 수요층이 되어가고 있다.

일반 국민의 인식도 비트코인에 대한 정부의 인식 변화에 영향을 미쳤다. 처음 비트코인이 세상에 나타났을 때, 인터넷 거래나 온라인 게임 등에 익숙한 젊은 세대들은 거부감 없이 받아들일 수 있었다. 하지만 이런 것들에 익숙하지 않은 소위 기성세대들은 비트코인을 이해할 수 없었고, 인정할 수도 없었다. 그런데 이제 비트코인이 나온 지 15년이 넘었다. 그사이 비트코인을 인정하지 않는 연령층은 줄어들었고, 익숙한 세대는 증가했다. 이제 미국 유권자 중에서 비트코인에 익숙한 지지층을 무시할 수 없게 되었다. 비트코인에 찬성하는 입장은 표를 얻을 수 있고, 그 반대는 표를 잃을 수 있다. 트럼프가 비트코인 반대자에서 찬성자로 돌아선 건, 인구 구조 변화로 인한 이런 선거 역학 때문이라는 해석도 있다.

이유야 어떻든, 미국 정부가 반反비트코인에서 친親비트코인으로 돌아선 건 분명하다. 비트코인이 달러에 적대적이지 않고 보완적인 존재가 될 수 있다는 인식이 증가한 것도 사실이다. 미국의 이런 태도 변화는 전 세계에 영향을 미칠 수밖에 없다.

비트코인은 그동안 계속 정부, 법정화폐와 대립해왔다. 이제 비트코인과 정부가 손을 잡을 수 있는 기반이 마련되었다. 3기의 주요한 변화이다.

한국의 가상자산 관련 법규와 제도의 미래 1

한국에서 비트코인 관련 제도는 아직 제대로 정비되지 못했다. 법적으로 비트코인이 무엇인지, 어떻게 대할지에 대해 아직 제대로 정리된 게 없다는 뜻이다. 비트코인 외의 다른 가상자산에 대한 규제 제도도 마찬가지이다. 법적 제도가 있기는 하다. '가상자산 이용자 보호 등에 관한 법률'이다. 그런데 여기서 정의하는 가상자산의 내용은 이렇다.

제2조(정의) 이 법에서 사용하는 용어의 뜻은 다음과 같다.
1. "가상자산"이란 경제적 가치를 지닌 것으로서 전자적으로 거래 또는 이전될 수 있는 전자적 증표(그에 관한 일체의 권리를 포함한다)를 말한다.

그런데 "경제적 가치를 지닌 것으로 전자적으로 거래 또는 이전될 수 있는 전자적 증표"라는 말을 들었을 때 비트코인이나 가상자산이 머리에 떠오를까? 아주 똑똑한 사람은 이 말을 들으면 이게 무슨 뜻인지 알 수 있을지 모르겠다. 하지만 최소한 난 이 정의를 듣고 비트코인을 떠올릴 수 없었다. 이게 뭘까 싶었다. 그리고 지금도 여전히 비트코인 등의 가상자산이 아무런 경제적 가치가 없다고 주장하는 사람들이 많은데, '경제적 가치를 지닌 것'이라고 정의하면, 비트코인은 이 법에서 말하는 가상자산이 아니라고 할 사람도 나올 수 있다.

무엇보다 한국의 '가상자산 이용자 보호 등에 관한 법률'은 가상자산에 대한 법 제도라고 볼 수 없다. 이 법이 만들어진 목적은 가상자산 거래소를 규제하는 데 있었다. 현실적으로 많은 사람들이 가상자산을 빗썸, 업비트 같은 가상자산 거래소에서 사고판다. 이 거래소들을 규제하고 싶은데, 규제할 수 있는 법적 근거가 없다. 그래서 만든 게 이 '가상자산 이용자 보호 등에 관한 법률'이다. 이 법은 "가상자산사업자(거래소 사업자)는 가상자산을 보관할 때 이용자 주소, 성명, 수량 등을 작성 비치해야 한다", "사업자는 보험에 가입해야 한다", "거래 기록을 보관해야 한다", "금융위원회가 검사할 수 있다" 등의 내용으로 채워져 있다. 실제로는 가상자산 거래소를 주 대상으로 하는 규제법이다. 가상자산 거래소가 일반 이용자들을 속이지 못하게 하는 법이라 할 수 있다.

이런 법 제도가 어떤 수준인지 알기 위해서는 국제적으로 비교할 필요가 있다. 다른 나라들과 비교할 때 한국의 가상자산 제도는 어떤 수준일까?

세계적인 블록체인 데이터 플랫폼 회사로 체이널리시스Chainalysis가 있다. 이 회사에서는 정기적으로 전 세계 가상자산 도입과 사용에 관한 보고서를 발간하고 있다. 가장 최근에 나온 2024년 보고서에는 국가별 가상자산 도입 지수가 제시되어 있는데, 그 내용을 살펴보면 다음과 같다.

2024년 국가별 가상자산 도입 지수

	전체 순위	CeFi	DeFi
인도	1	1	3
미국	4	2	4
러시아	7	11	7
영국	12	12	9
멕시코	14	18	13
아르헨티나	15	13	17
캐나다	18	22	16
한국	19	15	33
중국	20	20	24
독일	21	21	23
프랑스	22	26	21
일본	23	24	29
홍콩	29	39	22

Source: Chainalysis, 2024

이 표에서 'CeFi(시파이, 중앙화 금융)'는 가상자산 거래와 관련된 사항이다. 점수가 낮을수록 좋다. 거래의 자유성, 가상자산 거래소 관련 사항으로, 한국은 15점이다. 아주 좋은 순위는 아니지만, 그렇다고 나쁜 순위도 아니다. 가상자산 거래와 관련해서 한국은 나쁘지 않다. 문제는 'DeFi(디파이, 분산형 금융)' 관련 사항이다. DeFi는 가상자산과 관련된 산업 사항으로 이 또한 점수가 낮을수록 좋다. 금융 서비스를 포함한 블록체인 사업과 관련된 부분이다. 이 부분에서 한국은 33점이다. 지수를 조사한 국가 중 최하위이다. 한국은 가상자산, 블록체인 관련 산업을 모두 금지하고 있다. 한국은 단지 가상자산을 사고파는 것만 인정한다. 거래 이외의 모든 관련 사업은 금지라고 보면 된다.

2024년 9월, 〈한국경제신문〉은 한국의 가상자산 규제를 국제적으로 비교한 기사를 실었다. 가상자산 규제 수준을 국제적으로 살펴보면, 가상자산에 법적 기반을 제공하는 국가, 거래는 가능하지만 금융기관의 취급은 금지한 국가, 그리고 완전히 금지한 국가로 크게 구분된다. 우리가 일반적으로 선진국이라고 부르는 나라들은 대부분 가상자산에 법적 기반을 제공하는 국가에 해당한다. 그리고 가상자산을 완전히 금지한 국가로는 중국, 알제리, 이라크, 이집트, 네팔 등이 있다. 태국, 인도네시아, 이란, 방글라데시, 콜롬비아 등이 개인의 거래는 가능하지만 금융기관의 취급은 금지한 국가에 해당한다. 가상자산이 제공하는 서비스는 보통 금융 관련 서비스이기 때문에, 금융기관에서 취급이 금지된다는 건 가상자산으로 금융 서비스를 제공하지 못한다는 뜻이다. 즉 가상자산의 산업적 이용이 불가능하다는 것이다. 한국은 이 중에 '거래는 가능하지만 금융기관의 취급은 금지한 국가'에 해당한다.

즉 한국은 가상자산에 대해 굉장히 부정적인 국가이다. 물론 가상자산 관련 산업은 금지해도 일반 거래는 인정하고 있으니 그래도 괜찮은 수준 아니냐고 생각할 수 있다. 하지만 한국에서 가상자산 거래를 인정한 것은 이 정도는 무난하다고 생각해서가 아니다. 거래도 금지하고 싶었지만, 국민의 반발이 워낙 심해서 인정한 것일 뿐이다.

한국 가상자산계에서 아직도 거론되는 유명한 사건이 있다. 앞에서도 언급한 소위 '박상기의 난'이다. 2017년 비트코인이 처음으로 크게 사회적으로 이슈가 되었을 때, 당시 법무부 장관 박상기는 가상자산 거래소를 폐쇄하겠다고 발표했다. 이 발표에 가상자산 시장은 쑥대밭이 되었고, 많은 사람들이 대통령을 탄핵하겠다고 나섰다. 이런 반발에 청와대는 가상자산 거래소 폐쇄는 어디까지나 법무부 의견일 뿐이고 정해진 게 아니라고 답했다. 하지만 가상자산 거래소 폐쇄를 법무부 장관이 발표했다고 해서 정말로 법무부 단독 의견이었다고 생각해서는 곤란하다. 정부 부처의 발표는 그 부서 단독 의견으로 마음대로 발표되는 게 아니다. 여러 기관 사이의 협의를 거쳐 발표한다. 가상자산 거래소 폐쇄는 법무부 단독 의견이 아니라 정부의 의견이었다고 봐야 한다. 폐쇄하고 싶었고, 폐쇄하려 했는데, 국민의 반발이 워낙 거세서 한발 물러선 것이다.

이렇게 가상자산에 대해 부정적이기 때문에, 거래 인정 이외의 다른 사항에 대한 건 그 이후 이미 10년 가까이 지났는데도 여전히 금지인 상태로 아무런 진전이 없는 것이다. 이건 확실히 알고 있자. 한국 정부는 가상자산에 대해 굉장히 부정적이다.

# 한국의 가상자산 관련 법규와 제도의 미래 2

정부는 현재 한국의 가상자산 관련 법 제도가 국제적 수준에서 볼 때 뒤떨어져 있다는 걸 알고 있다. 그래서 가상자산법을 개정하려 하고 있고, 블록체인 및 가상자산을 산업적으로 이용하는 DeFi 관련 법규도 마련하려 하고 있다. 정부 관계자가 이런 법규를 준비하고 있다고 여러 번 언급도 했다. 이렇게 정부가 현재 부족한 점을 알고 있고 이걸 개선하고자 한다면 앞으로는 나아지지 않을까? 지금 당장은 블록체인, 가상자산을 기반으로 한 사업을 하기가 어렵지만, 이제 곧 그런 사업들이 외국 수준으로 가능하게 되지 않을까?

그렇게 기대하고 준비하는 사람들도 있다. 하지만 난 그런 기대에 굉장히 부정적이다. 정부가 정말로 긍정적으로 생각하고 법 제도를 준비하는 거라면 그래도 기대할 수 있다. 하지만 앞에서 말한대로, 정부의 가상자산에 대한 기본적 시각은 부정적이다. 이러면 DeFi 등과 관련된 법 제도가 만들어지기 어렵다. 설사 만들어진다 해도, 규제를 위한 법 제도이지, 진흥이나 활용을 위한 것은 아니다.

일단 한국의 규제 관련 법 제도의 특성 하나는 알고 있자. 규제 제도에는 '포지티브 규제'와 '네거티브 규제'가 있다. 포지티브 규제는 정부가 허용한 것만 할 수 있고, 정부가 허용하지 않은 것은 모두 금지하는 것이다. 도로에서의 유턴은 유턴이 가능하다고 표시된 곳에서만 가능하다. 다른 곳은 모두 금지이다. 이런 것이 포지티브 규제이다. 네거티브 규제는 정부가 금지한 것은 할 수 없고, 나머지는 모두 할 수 있는 시스템이다. 유턴 금지 표지판이 있는 곳에서는 유턴을 할 수 없지만, 다른 곳에서는 모두 유턴이 가능하다.

한국의 법 제도는 포지티브 방식이다. 정부가 할 수 있다고 정한 것은 합법이다. 그 외는 모두 불법이다. 비트코인, 가상자산과 관련해서 무언가는 할 수 있다고 제도가 만들어지면 그때는 합법이다. 그러나 그런 규정이 만들어지지 않으면 불법이다. 지금 한국에서 가상자산에 관한 제도는 거래소 관련 규정뿐이다. 그래서 거래소 이외의 사업은 모두 불법인 것이고, 그런 사업들이 한국에서는 진행되지 못하는 것이다.

그럼 정부가 가상자산, 블록체인에 대한 규정을 만들면 되는 것 아닌가. 만들면 된다. 그런데 문제는, 새로운 사업에 관한 규정을 신규로 만드는 것은 굉장히 어렵다는 것이다. 기존에 있는 규정을 수정, 보완하는 것은 쉽다. 기존 규정에 문제가 있으니 이걸 다르게 고

쳐야 한다는 건 어렵지 않게 방향이 잡힌다. 그러나 그동안 없던 새로운 규정을 만드는 것은 어렵다. 가상자산, 블록체인에 한해서만 어려운 게 아니다. 한국에서는 기존에 없던 새로운 산업이 만들어지면 모두 다 이 문제를 겪는다.

앞에서 이야기한 온라인 게임의 아이템 거래를 보자. 1990년대 말, 온라인 게임의 아이템 거래가 사회적 이슈가 되었다. 온라인 게임 아이템이 1000만 원이 넘는 가격에 팔리고, 거래와 관련된 사기 사건이 발생했다. 또 사람들이 즐기기 위해서라기보다는 돈을 벌기 위해 게임을 하는 게 문제가 되었다. 특히 문제가 된 건 아이템을 사려고 돈을 보냈는데 돈만 받고 아이템을 보내지 않는 경우, 그리고 게임 내에서 아이템을 빌려줬는데 돌려주지 않는 경우였다. 피해자들은 사기, 절도를 당했다고 신고했다.

이때 정부는 이런 새로운 사회적 현상에 어떻게 대응했을까? 절도가 되려면 물건이어야 한다. 민법에서 물건은 "유체물 및 전기 기타 관리할 수 있는 자연력"으로 정의된다(민법 98조). 그런데 게임 아이템은 유체물有體物이 아니다. 컴퓨터 프로그램의 신호에 불과하기 때문에 유체물이라 할 수 없다. 또 관리할 수 있는 자연력도 아니다. 즉 게임 아이템은 기존법상 물건이 아니다. 물건이 아니면 절도죄가 성립될 수 없다. 물건이 아니더라도 저작권 등의 대상이 된다면 절도, 사기 대상이 될 수 있다. 온라인 게임 아이템은 저작권이 인정된다. 그런데 이 저작권은 게이머가 아니라 게임 회사에 있다. 온라인 게임 아이템은 여전히 게임 회사 서버에 있고, 게이머는 그 서버에 있는 아이템을 게임에 이용하기만 할 뿐이다. 따라서 저작권 침해가 아니다. 기존 법률상으로는 온라인 게임 아이템 거래 관련 사기-절도 사건을 처벌하기 힘들다.

게임 아이템을 훔쳐간 것이 범죄이긴 한 건가, 범죄라면 어떻게 처벌할 수 있는가? 이런 논란이 계속 이어졌다. 결국 새로운 법 규정이 필요하다는 공감대가 형성된다. 포지티브 규제 환경에서는 새로운 사회적 현상에는 새로운 법 규정이 필요한 것이다.

그런데 새로운 법 규정을 어떻게 만들어야 할까. 온라인 게임 아이템을 어떻게 법적으로 정의할 것인가. 민법이나 저작권법 등과 충돌을 일으키지 않으려면 어떤 식으로 규정해야 할까. 그리고 온라인 게임 아이템 거래를 허용해야 하는가 말아야 하는가. 허용한다면 어느 범위, 어느 수준까지 인정해야 하는가.

수많은 논란이 있었고, 수많은 준비가 있었다. 하지만 끝까지 이에 대한 새로운 법 규정은 만들어지지 못했다. 법 규정이 만들어지지 못했는데도 고소 고발 문제가 해결된 것은 법원의 판결 때문이었다. 소송이 제기되면 어쨌든 법원은 이에 대해 판단해야 한다. '게임 아이템은 물건이 아니다. 따라서 사기, 절도가 될 수 없지 않은가.' 정부와 학계에서는 논의가 계속되고 있었지만, 어쨌든 현실적으로는 현금으로 거래되고 있고 피해자는 실질적으로 손해를 입었다. 법원은 게임 아이템에 재산적 가치가 있다고 보고 사기, 절도죄를 인정했다.

이런 법원 판결 이후로도 새로운 법 규정은 제대로 만들어지지 못했다. 현재 온라인 게임에서의 아이템 거래는 법 규정이 아니라 민간 자율단체인 게임물등급위원회의 내부 규정으로 규제가 이루어지고 있다. 아이템 거래가 이루어지면 청소년 이용 불가 게임이라는 등급심사 규정이 그것이다. 아이템 거래가 사회적 이슈에서 벗어나면서, 법 제도화 작업도 멈추었다.

그동안 없던 새로운 산업에 대한 법 제도를 새로 만드는 건 굉장히 어려운 일이다. 그래도 전기자동차 등 새로운 산업에 대한 법 제도가 만들어지는 경우가 있다. 그런데 그런 경우들 사이에는 공통점이 있다. 새로운 산업에 대한 새로운 법안이 필요하다고 적극적으로 요구하는 주체가 대기업인 경우이다. 대기업이 적극적으로 법 제정을 위해 국회의원이나 언론에 로비한다. 대기업이 신산업을 수행하면 어느 정도 부작용 없이 사회적 이익을 증대시킬 수 있다. 잘못되더라도 충분히 보상할 여력이 있다. 현대, 기아 등 대기업이 전기자동차 사업을 새로 시작하려 하고, 이때 새로운 제도가 필요하다면 쉽게 규정이 만들어진다. 한국 대기업이 태양광 산업에 대규모 투자를 하려고 한다면, 태양광에 대한 규정이 만들어진다. 한국 대기업이 바이오 산업에 초점을 맞추면, 바이오에 대한 규정이 만들어진다.

하지만 한국의 정책 현실에서 대기업의 투자가 수반되지 않는 경우에는 새로운 산업에 대한 법안이 만들어지기가 정말 어렵다. 정부가 필요성을 인식하고 적극적으로 밀어붙이려 해도 어렵다. 그런데 가상자산처럼 정부가 부정적인 시각을 가지고 있던 분야라면? 그러면 정말 요원하다. 이때는 설사 법 규정이 만들어지더라도 진흥, 활성화를 위한 게 아니라 규제를 위한 법 제도이다. 신산업으로 각광

받던 차량공유서비스 '타다'가 괜히 불법화되고 경영자들이 법정에 선 게 아니다. 대기업이 주도하지 않는 신산업의 대부분이 그런 길을 걷는다.

한국에서 DeFi에 대한 규정이 정비되기를, 특히 DeFi를 긍정적으로 인정하고 활성화하는 법안이 만들어지기를 기대하는 건 요원하다. 블록체인, 가상자산 생태계에서 한국 정부의 어떤 역할을 기대하기는 힘들다. 그냥 현재 인정되고 있는 가상자산 거래에만 초점을 맞추는 게 크게 손해를 보지 않는 방향이다. 나는 한국의 블록체인, 가상자산의 미래를 그렇게 본다.

그래서 비트코인을 파악하기 위해서는 한국만 봐서는 곤란하다. 비트코인의 미래를 결정하는 건 미국이다. 다른 어떤 나라보다 미국이 비트코인에 큰 영향을 미친다. 단순히 미국이 경제력과 군사력이 가장 강한 나라여서가 아니다. 중국도 경제력과 세계에 미치는 영향력이 크지만, 중국이 비트코인을 어떻게 대할지는 정해져 있다. 정부에 대항하는 이미지를 가진 비트코인은 중국에서 제대로 인정받을 수 없다. 비트코인을 긍정적으로 인정하는 건 미국 같은 나라일 수밖에 없고, 실제 미국에서는 그런 변화가 일어나고 있다. 비트코인의 미래를 보기 위해서는 미국을 봐야 한다. 한국의 현실을 보면서 비트코인의 미래를 예측해서는 안 된다.

비트코인 ETF가 의미하는 것, 주 수요층의 변화

2024년 1월 10일, 미국 증권거래위원회SEC가 비트코인 ETF를 승인했다. 그리고 곧바로 미국 주식시장에 비트코인 ETF가 상장됐다. 그동안은 비트코인을 사려면 직접 구매하거나 선물 ETF를 구입해야 했다. 그런데 개인은 몰라도 법인은 비트코인을 현물로 구매하기가 쉽지 않고, 선물 ETF의 경우도 현재 가격이 아니라 미래 예상 가격을 대상으로 하는 투자용 파생상품이라 수수료도 높은 등 한계가 있다. 이에 비해 비트코인 ETF는 그야말로 일반 주식 거래와 똑같이 투자할 수 있다. 또 비트코인 ETF를 판매하는 투자사는 실제 비트코인을 구입해야만 한다. 비트코인에 대한 수요가 크게 증가하는 호재였고, 예상대로 이후 비트코인 가격은 5000만 원대에서 8000만 원대로 상승했다.

비트코인 ETF의 의의는 비트코인 투자가 쉬워졌다는 것, 그리고 비트코인 수요가 크게 오르는 계기가 되었다는 것에 그치지 않는다. 가장 큰 것은 비트코인이 드디어 제도권에 들어왔다는 것이다. 주식시장에 상장된다는 것은 기존 제도적 투자 시스템에 포함된다는 의미이다. 그동안 비트코인은 정부로부터 독립적인 존재로서의 의미를 가지고 있었는데, 정부 주도적인 투자 시스템에 들어가게 된 것이다. 물론 정부가 이를 반긴 것은 아니다. SEC는 비트코인 ETF를 인정하지 않으려 했다. 많은 투자사가 비트코인 ETF를 만들겠다고 신청했지만, SEC는 그동안 계속 반려해왔다. 하지만 미국 법원이 이러한 승인 거부는 부당하다고 판결했고, SEC는 이를 수용할 수밖에 없었다. 그런 과정이 있었지만, 어쨌든 비트코인 ETF는 미국 주식시장에 상장되었고, 확실한 제도권 투자 상품이 되었다.

비트코인 ETF 출시는 비트코인에 있어서 확실히 좋은 일이다. 그러나 오랫동안 비트코인을 지켜온 마니아층에게 비트코인 ETF 출시와 성공은 마냥 좋은 일이라고만 하기는 어렵다. 비트코인을 정부로부터 독립적인 존재로서 사랑해왔던 사람들에게 ETF는 비트코인의 정체성에 혼란을 일으킨다.

나는 팬카페에 가입한 적이 두 번 있다. 한 번은 유명한 배구선수 김연경 씨이고, 다른 한 번은 아직 대중 지명도가 거의 없는 뮤지컬 배우 P이다. 내가 김연경 선수를 알고 챙겨보게 된 것은 2000년대 말이다. 어느 날 우연히 여자 배구 경기를 보다가 '어. 저 선수 굉장히 잘한다'는 느낌을 받았다. 세계선수권대회였고, 그래서 그 선수의 경기를 며칠 동안 계속 찾아보게 되었다. 세계선수권대회가 끝나고, 김연경 선수의 팬카페에 가입했다. 이때 김연경 선수는 일본, 튀르키예 등으로 진출하기 전이었다. 국내 배구계에서는 유명했지만, 일반인들은 잘 몰랐다. 팬카페도 인원이 그리 많지 않았다. 소규모였고, 달력을 만들어 판매해도 100여 개 정도의 수준이었다. 그런데 어느 순간 김연경 선수가 유명인사가 되었다. 〈나 혼자 산다〉 등 유명 TV 연예 프로에 나오면서 김연경 선수는 소위 셀럽이 되었다. 그러면서 팬카페 가입자도 크게 늘었다.

팬카페 인원이 급증하고, 활동하는 사람들, 글을 쓰는 사람들이 많아지면서 팬카페의 시스템도 달라진다. 이전 소규모 운영에서의 친밀한 분위기가 사라지고 규정, 지침 등이 중요한 공식적 조직이 된다.

팬카페에 가입한 사람들의 구성도 달라진다. 이전에는 '배구선수 김연경'을 좋아한 사람들만 있었다. 하지만 이제는 '배구선수 김연경'보다는 'TV에 나오는 연예인 같은 김연경'을 좋아하는 사람이 더 많다. 배구 경기에서 어떤 활약을 했다는 내용보다, TV에서 어떤 말을 했다는 게 더 이슈가 된다.

김연경 선수가 배구계를 넘어 일반인들에게도 유명해지고 셀럽이 된 건 분명 좋은 일이다. 팬카페가 커지고 많은 사람들이 활동하게 된 것도 분명 축하할 일이다. 그런데 오래전부터 김연경 팬카페에서 활동해왔던 사람들에게는 그런 변화가 마냥 좋은 일만은 아니다. 특히 '배구선수 김연경'이 아니라 'TV에 나오는 셀럽 김연경'을 더 중요하게 생각하는 사람들은 진정한 팬으로 보이지도 않는다. 김연경 선수가 대중적으로 유명하지 않을 때부터 자리를 지켜온 팬 중에는 이런 변화에 적응하지 못하고 떠나는 경우도 나온다. 실제 나도 더 이상 팬카페에 접속하지 않는다.

뮤지컬 배우 P의 팬카페도 마찬가지이다. 뮤지컬을 보고 마음에 들어 팬카페에 가입했다. 몇십 명 정도가 활동하는 작은 카페였다. 그런데 P가 TV 드라마에 나오면서 팬카페 가입자가 크게 증가한다. 뮤지컬을 보고 팬카페에 들어온 게 아니라, 드라마를 보다가 들어온 사람들이다. 심지어 이들은 P가 뮤지컬 배우라는 것도 잘 모른다. 그리고 그런 사람들이 팬카페에 많아지면서 팬카페 성격은 크게 달라지게 된다. 배우의 뮤지컬 활동을 지원하는 게 아니라, 드라마 배우로서의 활동을 지원하는 팬카페가 된다. 뮤지컬 배우 P를 좋아해서 팬이 되었던 사람들에게는 더 이상 방문하기 어려운 팬카페가 된다. 배우 개인으로서는 뮤지컬만 하는 것보다 TV 드라마에도 출연하는 게 훨씬 잘된 일이다. 팬이 늘어나 팬카페가 커지는 것도 좋은 일이긴 하다. 하지만 원래 팬 중에는 이런 변화를 좋아하지 않는 사람도 많다. 무엇보다 뮤지컬 팬으로서는 '뮤지컬 배우'에서 '드라마 배우'로의 변화가 그리 달갑지 않다. 이걸 어떻게 받아들여야 할지 혼란스럽기도 하다.

오래전부터 비트코인을 알고 좋아했던 사람들에게 비트코인 ETF의 출시는 큰 분기점이다. 김연경 선수가 배구선수에서 TV 연예 프로그램에 출연하는 유명인이 되는 것과 같은 변화이다. 비트코인 ETF 출시는 비트코인에는 분명 좋은 일이다. 이에 대해서는 부인할 수 없다. 그러나 비트코인 ETF의 출시는 분명 비트코인의 성격에 큰 변화를 가져왔다.

비트코인은 정부로부터의 독립을 상징했다. 최소한 정부의 재량권에서 벗어나 있는 독자적인 시스템으로서의 이미지였다. 반정부주의자, 세계정부주의자, 정부의 간섭 없는 인터넷 공간을 주장하는 사람들의 상징이었다. 그런 사람들이 비트코인의 지지자가 되었고, 이들의 지원이 비트코인 시스템의 바탕에 깔려 있다.

물론 비트코인을 투자의 대상으로만 본 사람들도 있다. 하지만 김연경 팬카페가 초기에는 '배구선수 김연경'을 좋아한 사람들이 주축이었듯이, 비트코인 생태계에서는 '정부 독립적 존재로서의 비트코인'을 추종하는 이들이 주축이었다.

그런데 ETF가 출시되고 시장 영향력이 확대되면서 이런 추세가 달라진다. '정부 독립적 존재로서의 비트코인'을 좋아하는 사람들보다는 '투자 상품으로서의 비트코인'으로 접근하는 사람들이 월등히 많아지고 이들의 힘이 세진다. TV 드라마를 보고 P의 팬카페에 들어온 사람들은 그가 원래 유명한 뮤지컬 배우라는 것도 모른다. 마찬가지로 지금 비트코인에 투자하는 사람들은 비트코인이 정부 독립적 철학을 가진 상징물이라는 것도 알지 못한 채 들어온다. 이 사람들에게 비트코인의 철학이나 이념은 아무 의미가 없다. 오직 투자 대상으로서의 비트코인, 그동안 엄청나게 올라 높은 수익률이 기대되는 투자 상품일 뿐이다.

최근 비트코인 투자를 시작한 사람들에게는 이런 변화가 별 상관이 없다. 아니, 변화가 있다는 것도 알지 못한다. 하지만 오랫동안 비트코인을 지켜봐온 사람들에게, 특히 정부로부터의 독립이라는 그 상징성 때문에 비트코인을 아껴온 사람들에게 이건 굉장히 중요한 문제이다. 비트코인은 오래된 팬의 손을 떠나 새로운 길을 걷기 시작했다. 반정부의 상징에서 대중화된 투자 상품으로의 변화이다.

지금 많은 사람들에게 비트코인은 그냥 투자자산이자, 돈을 벌 수 있는 수익 상품이다. 하지만 알고는 있자. 비트코인은 소수의 사람들, 초기의 팬들에게는 단순한 투자자산이 아니다. 정부로부터의 독립이라는 이념적인 존재이다. 비트코인이 폭락하면 비트코인을 투자자산으로만 생각하는 사람들은 떠날 것이다. 하지만 초기의 팬들, 정부로부터의 독립이라는 이상을 생각했던 사람들은 그때가 되면 오히려 더 아낄 것이다. 김연경 선수에게 대중의 인기를 잃을 어떤 사건이 발생하면 셀럽으로서 김연경을 좋아했던 사람들은 떠날 것이다. 하지만 배구선수로 좋아했던 사람들에게는, 김연경은 여전히 전설이다. 보통 사람들이 김연경을 떠나면 이 사람들은 오히려 더 아낄 것이다.

지금은 대부분의 사람들이 비트코인을 수익 상품, 투자 상품으로만 보고 있다. 하지만 비트코인계에는 그런 것과 상관없는 골수팬들이 숨어 있다. 아무리 폭락해도 여전히 비트코인을 아끼는 사람들이다. 이 핵심층이 존재한다는 걸 잊으면 안 된다.

이번 장의 주요 내용을 정리하자. 비트코인은 화폐의 대체품으로 출발했다. 하지만 이후 비트코인은 화폐에서 자산으로 진화한다. 또 비트코인은 정부에 반대하는 입장이었고, 독립적인 존재였다. 하지만 트럼프 2기 집권 이후 비트코인은 달러의 보완적 존재가 된다. 미국은 비트코인을 적대시하지 않고 품는 길을 선택했다. 이건 앞으로 비트코인의 미래에 큰 영향을 미칠 것이다.

한국은 여전히 비트코인에 긍정적이지 않다. 한국에서 비트코인, 가상자산 생태계는 그냥 거래만 인정되는 시스템으로 유지될 가능성이 크다. 하지만 한국만 보고 그게 전부라고 생각해서는 곤란하다. 비트코인의 미래를 보려면 미국을 봐야 한다.

미국에서의 비트코인 ETF 출시는 굉장히 상징적인 사건이다. 비트코인의 주된 수요층과 팬이 정부 독립주의자, 자유주의자에서 자산 관리자, 투자자로 완전히 바뀐 것을 의미한다. 미국의 비트코인 인정, 그리고 비트코인의 투자상품화는 비트코인의 의미를 완전히 변화시켰다. 앞으로 비트코인은 이런 기반에서 움직일 것이다.

그러나 알고 있자. 미국의 인정, 비트코인의 투자상품화와 상관없는 비트코인 팬들이 여전히 존재한다. 이제는 잘 보이지 않지만 숨은 팬들은 여전히 존재한다. 비트코인의 미래를 예측하기 위해 반드시 알고 있어야 할 사항이라고 본다.

4장

투자 대상으로서의 비트코인

비트코인이 주목받는
가장 큰 이유

많은 사람이 비트코인에 관심을 가지게 된 주된 이유는 무엇일까? 비트코인에 전혀 관심이 없다 하더라도 대부분의 사람이 그 이름 정도는 알게 된 이유는 무엇일까?

여러 기업이 비트코인을 사들이고, 트럼프 정부에서 이를 전략 자산으로 비축하겠다는 이야기가 나오는 이유는 무엇일까. 신문, 방송 등 언론에서 비트코인에 대해 계속 기사를 쓰고, 관련 프로그램을 만드는 이유는 무엇일까. 서점에 비트코인에 대한 책이 진열되고, 비트코인을 주제로 이야기하는 유튜버들이 많아진 이유는 무엇일까?

여러 이유를 댈 수 있을 것이다. 그런데 그중에서 가장 핵심적인 이유, 가장 중요한 이유, 그 하나가 없다면 다른 것들이 별 의미가 없어지는 단 하나의 이유를 대라고 하면 그건 무엇일까?

비트코인이 블록체인이라는 신기술을 담고 있어서일까? 블록체인이라는 미래의 기술을 선도하는 가상자산이기 때문에? 2010년대 후반, 그러니까 비트코인이 2017년 대폭등을 할 무렵에 블록체인은 미래의 신기술, 소위 4차 산업혁명의 주요 기술 중 하나로 각광받기 시작했다. 그런데 이때 미래의 신기술로 각광받은 건 블록체인 기술만이 아니었다. 3D 프린터, 사물인터넷IoT, 빅데이터 등도 주목을 받았다. 블록체인은 그런 신기술 중 하나였다.

그로부터 채 10년도 지나지 않은 지금은 어떤가? 3D 프린터, IoT에 대한 이야기는 거의 들리지 않는다. 빅데이터조차도 쉽게 들어보지 못한다. 대신 인공지능AI이 주목받고 있다. 블록체인 소식은 그래도 가끔 들려오기는 하는데, 자세히 보면 비트코인과 관련해서 이야기될 뿐이다. 블록체인 그 자체에 대한 이야기는 찾아보기 힘들다.

이렇게 주목을 받았던 신기술들이 주된 관심사에서 이탈하게 된 건, 신기술들을 적용해 보니 그 한계가 드러났기 때문이다. 3D 프린터는 쓰레기를 엄청나게 많이 배출하는 부작용을 낳았다. 또 단단한 재질로 만드는 데 한계가 있어 실제 공장에서 생산되는 도구들을 대체하기 힘들었다. 물론 3D 프린터가 유용한 분야도 있고, 그런 분야에서는 계속 발전하겠지만, 사회 전체적으로 영향을 주는 데는 한계가 있다는 것을 알게 된다. 그러면서 사회적 관심도가 떨어지게 되었다.

블록체인도 마찬가지이다. 블록체인은 조작이 불가능해 신뢰성이 강하다는 것이 가장 큰 장점이다. 그런데 이건 어디까지나 참여자

수가 굉장히 많을 때의 이야기이다. 블록체인은 50%를 초과하는 다수가 찬성하면 얼마든지 조작할 수 있다. 세 명이 참여하는 블록체인은 두 명의 합의만으로 얼마든지 과거 자료를 바꿀 수 있다. 열 명이 참여하는 블록체인은 여섯 명이 합의하면 조작할 수 있다. 비트코인은 세계에서 수많은 사람들이 그 생산 과정에 참여하기 때문에 신뢰성이 높은 것이다. 새로 개발하는 블록체인은 참여자가 소수일 수밖에 없고, 그러면 신뢰성을 담보하지 못한다. 은행 등에서 블록체인이 신기술이라 해서 개발하려다가 손을 뗀 이유이다.

그러면 비트코인이 정말로 미래의 화폐가 될 수 있기 때문에 관심을 받는 것일까? 주위를 둘러보자. 10년 전과 지금, 비트코인을 받는 가게, 비트코인으로 결제할 수 있는 상점이 늘어났는가? 10년 전, 유럽 등에서는 비트코인으로 결제할 수 있는 곳을 쉽게 찾아볼 수 있었다. 10년 전 한국에도 소수이지만 비트코인을 받는 곳이 있었다. 비트코인이 미래의 화폐라는 건 그냥 하는 이야기가 아니라 실제 가능성이 있는 이야기였다. 정말로 비트코인으로 거래할 수 있었다.

하지만 지금은 어떤가? 길거리를 가다 비트코인을 받는다는 가게를 본 적 있는가? 유럽에서도 비트코인을 받는 가게는 크게 줄었다. 관심은 훨씬 높아졌지만, 결제할 수 있는 곳은 크게 줄었다. 화폐가 될 수 있으냐 여부는 더 이상 비트코인의 주요 이슈가 아니다.

비트코인이 지금까지 계속 각광을 받는 이유는 블록체인이라는 신기술 때문도, 화폐를 대체할 수 있다는 기대감 때문도 아니다. 비트코인의 가격이 계속 오르기 때문이다. 이게 가장 중요한 본질이다.

생각해보자. 비트코인의 가격이 오르지 않고 계속 그 가격이라고 해도 관심이 계속 이어질 수 있었을까? 신기술의 대표 주자로서 한때는 주목을 받았을 것이다. 하지만 그런 관심이 10년 넘게 계속 이어지지는 않는다. 곧 더 새로운 기술이 나오고 주목의 대상도 달라진다. 실제 10년도 안 되는 사이에 블록체인 기술에서, 2차전지로, 지금은 AI와 AI 반도체로 그 주목의 대상이 변화했다.

중요한 건 가격이다. 처음 비트코인이 일반인들에게 알려지게 된 것은 그 가격이 100만 원을 넘었을 때였고, 사회적으로 크게 이슈가 된 것은 2017년, 100만 원 하던 것이 1년도 채 안 되어 1000만 원을 넘으면서였다. 비트코인이 5000만 원을 넘었을 때, 1억 원을 넘었을 때, 그리고 10만 달러를 넘었을 때 사회적으로 이슈가 되었고, 이렇게 이슈가 되면서 비트코인에 대한 관심은 더욱 커져갔다. 기업에서 비트코인을 사기 시작한 것도 앞으로도 계속 가격이 오를 것이라 예상했기 때문이다. 트럼프가 비트코인을 미국의 전략 자산으로 삼겠다는 것도 비트코인 가격이 계속 오를 거라고 예상하기 때문이다. 기술이 어떤지는 별 상관없다. 기술이 아무리 좋고 혁신적이라 하더라도, 가격이 이전의 100만 원 그대로라면 관심을 주지 않을 것이다.

비트코인 현상의 주된 요인은 분명하다. 그 가격이 계속 올랐기 때문이다. 비트코인은 처음 만들어진 2009년부터 2025년 현재까지 계속 가격이 올랐다. 그것도 그냥 오른 게 아니라 엄청나게 올랐다. 지구상의 그 어떤 품목보다 더 크게 올랐다. 중간에 폭락도 여러 번 하고, 제자리걸음을 한 기간도 많았지만, 결과적으로 장기간에 걸쳐 이렇게 많이 오른 종목은 없다. 상승률 측면에서 세계 1위이고, 이건 다른 어떤 상품과도 비교할 수 없다.

비트코인의 가장 큰 특성은 지난 15년간 가격 상승률이 가장 높았던 품목이라는 점이다. 다른 말로 하면, 가장 수익률이 높았던 최고의 투자 상품이었다. 비트코인이 이렇게 사회적 관심을 받게 된 이유는 블록체인 신기술 때문도, 화폐를 대체한다는 목적 때문도 아니고, 사이버 독립을 추구한다는 이상 때문도 아니다. 그 가격이 계속 엄청나게 올랐기 때문이다.

그래서 비트코인의 가장 중요한 측면은 투자 대상으로서의 비트코인이 될 수밖에 없다. 10년 전에는 블록체인, 대체 화폐라는 특성 때문에 관심을 가진 사람도 있었다. 하지만 지금은 아니다. 지금 사람들의 니즈는 투자 대상으로서의 비트코인이다. 블록체인, 대체 화폐 등을 언급하더라도, 이는 투자 대상이 되는 근거로서 부수적인 사항일 뿐이다.

우리가 비트코인에 관심을 가지는 건 가격이 계속 올랐기 때문이다. 비트코인이 사회적 현상이 된 것도 가격이 계속 오르기 때문이다. 비트코인은 21세기 최고의 투자 상품이다. 우리는 비트코인을 투자재로 볼 필요가 있다.

공급량이 한정된
21세기 최고의 투자 상품

투자 상품의 진정한 가치는 가격 상승 여부에 있다. 신기술이냐, 실용성이 있느냐, 내재적 가치가 있느냐 등은 부차적이다. 아무리 신기술을 장착하고 실용성이 있고, 내재적 가치가 높다 하더라도 그 가격이 오르지 않으면 투자 대상으로 적합하지 않다. 사용 편의성을 추구하는 사람은 가격과 상관없이 편의성에 초점을 맞추면 된다. 하지만 투자자의 초점은 가격 상승 여부에 있다. 아무리 상품이 좋아도 가격이 오르지 않는 건 관심의 대상이 되지 못한다.

그렇다면 가격 상승에 영향을 미치는 요소는 무엇일까? 경제학에서는 그 답이 분명하다. 가격은 수요와 공급에 의해 결정된다. 가격은 수요가 증가하면 오르고 수요가 감소하면 내린다. 또한 공급이 증가하면 내리고, 공급이 감소하면 오른다. 이건 비밀스럽게 내려오는 비전祕傳 같은 게 아니다. 모든 경제학 교과서 첫머리에 나오는 이야기이다.

주식 가격의 상승 여부를 따질 때 수요와 공급은 보지 않는다고 말하는 사람이 있다. 주식 분석을 할 때는 그 기업의 매출이나 이익, 배당금이 얼마인지, 사회적 트렌드는 얼마나 따르고 있는지, 주가 차트는 어떤지 등을 살펴보지 수요와 공급을 따지지는 않는다는 것이다. 부동산 분석을 할 때도 지하철에서 얼마나 가깝냐, 학군이 좋으냐, 주변 환경은 어떠냐 등을 중점적으로 보지 수요와 공급을 분석하지는 않는다.

그런데 이건 수요와 공급이라는 단어에만 매몰되어서 본질을 놓치는 것이다. 수요가 증가하면 가격이 오른다. 그런데 기업에 대한 수요는 어떻게 증가하는가? 매출, 이익이 증가하면 사람들이 그 주식을 사려 한다. 배당금이 높으면 사려 한다. 사회적 트렌드를 잘 타면 사려 한다. 매출, 이익, 배당금, 트렌드, 차트 등은 사람들의 수요에 영향을 미치는 요소들이다. 이익을 예로 들면, 이익 자체가 중요한 게 아니다. 이익이 감소하면 사려는 사람이 감소하지만, 그렇더라도 트렌드를 잘 타면 사려는 사람이 증가한다. 최종적으로 수요가 증가하는 것이고, 그러면 이익이 감소하더라도 주가는 오른다. 이익, 매출, 배당금, 트렌드 자체를 기준으로 분석해서는 안 된다. 결국 그러한 기준들이 수요를 끌어올리느냐를 살펴야 한다. 즉 수요가 어떻게 될지를 기준으로 기업을 분석해야 한다.

주식 공급 측면을 잘 이야기하지 않는 이유는 통상적으로 주식 공급량은 정해져 있기 때문이다. 하지만 주식 공급량이 증가하는 경우가 있다. 무상증자나 유상증자의 경우이다. 아무리 매출, 이익이 좋고 트렌드를 잘 타도, 유상증자 발표가 나면 주가는 곤두박질친다. 공급량이 늘면 가격은 떨어진다.

부동산도 마찬가지이다. 학군이 좋으면 수요가 증가하고 교통이 편리하면 수요가 증가한다. 부동산도 단기적으로는 공급이 정해져 있어서 잘 생각하지 않지만, 공급량이 늘면 가격은 오르지 않는다. 수요와 공급을 기준으로 파악할 때 가격 상승 여부를 제대로 판단할 수 있다. 매출이 증가해서, 트렌드에 맞아서, 그래프가 우상향이라서, 학군이 좋아서 등등에만 초점을 맞추면 어느 순간 핵심에서 벗어나게 된다.

이런 측면에서 볼 때 최고의 투자 상품은 어떤 것일까? 대답은 분명하다. 수요는 증가하면서 공급은 감소하는 상품이다. 먼저 공급 측면을 살펴보자.

공급량과 관련해서는 세 가지 경우가 있다. 첫째 공급량이 증가하는 상품, 둘째 공급량이 고정된 상품, 셋째 공급량이 감소하는 상품이다. 첫째, 공급량이 증가하는 상품은 우리 주변에서 볼 수 있는 대부분의 상품, 거의 모든 상품이다. 지금 당장은 공급량이 고정된 것처럼 보인다. 하지만 가격이 오르면 그에 따라 공급량이 증가한다. 공급량이 증가하면 가격은 떨어진다. 즉 이런 상품은 처음에는 수요가 증가하여 가격이 오르더라도 공급이 증가하기 시작하면 더 이상 가격이 오르지 않고 오히려 떨어지기도 한다.

석유 같은 자원 상품은 공급이 고정된 것처럼 보인다. 하지만 가격이 오르면 생산량이 증가한다. 석유개발업자들이 전 세계 어디에서든 석유를 찾아내서 발굴하기 시작한다. 사실 석유 같은 천연자원은 굉장히 많이 있다. 바다처럼 채굴하기 힘든 곳에 많기 때문에 평소에 채굴하지 않을 뿐이다. 가격이 오르면 그런 험지에서 채굴해도 채산성이 맞게 된다. 굉장히 귀한 금속인 금조차도 금값이 비싸지면 채굴량이 증가해서 공급이 늘어난다.

이렇게 공급이 증가하는 상품은, 지금 유행을 타서 가격이 상승하더라도 공급량이 증가하기 전까지만 좋은 투자 대상이다. 공급량이 증가하기 시작하면 더 이상 좋은 투자 대상이 아니게 된다.

둘째, 공급량이 고정된 상품이다. 대표적으로 예술 작품이 있다. 그것도 작가가 사망한 경우이다. 이런 경우는 아무리 가격이 올라도 더 이상 공급량이 증가할 수 없다. 또 한 번 판매하고 더 이상 발행하지 않는 한정 상품도 공급량이 고정된 제품이다. 옛날 우표, 야구선수 카드, 농구선수 카드, 포켓몬 카드 등이다. 2003년 발행된 농구 영웅 마이클 조던의 로고맨 카드는 2024년 292만 8000달러(약 40억 원)에 거래되었다. 1952년 발행된 뉴욕양키스의 유명 야구선수 미키 맨틀의 카드는 1260만 달러(약 170억 원)에 판매되었다. 이렇게 비싸게 팔리면 다른 상품의 경우 공급이 늘어나지만, 이런 한정판 상품은 그럴 수 없다. 물론 유명하지 않은 사람의 카드는 아무리 공급이 고정되어 있어도 가격은 0이다. 수요가 있으면 가격이 폭등하고, 수요가 없으면 가격이 0이 되는 특성을 가졌다.

셋째, 공급량이 감소하는 상품이다. 물론 가격이 0이거나 낮을 때 공급이 감소하는 경우는 많다. 그런데 가격이 높은데도 공급이 감소하는 경우는 거의 없다. 단, 일부러 가격을 높이려고 인위적으로 공급을 감소시키는 경우는 있다. 상장회사가 주가 관리를 위해 자사 주식을 취득해서 소각하는 경우이다. 다이아몬드의 경우에도 시장 가격 유지를 위해서 일부러 시장지배력을 가진 도매업자들이 시장 공급량을 줄이곤 한다. 그런데 시장 공급량을 인위적으로 줄일 수 있다는 것은, 반대로 늘릴 수 있다는 말이기도 하다. 그리 신뢰성이 없으며, 시장 상황에 따라 언제든 변동될 수 있다는 한계가 있다.

그렇다면 비트코인은 이 중 어떤 상품에 해당할까? 두 번째 경우인 공급량이 고정된 상품이다. 비트코인의 공급량은 2100만 개로 고정되어 있다. 물론 지금 현재 그렇다는 말은 아니다. 2025년 현재까지는 약 1980만 개 정도가 생산되어 있고, 2140년에 2100만 개가 되면서 생산이 완료될 예정이다. 더 중요한 것은 공급 속도이다. 비트코인은 더 빨리 생산하려고 해도 그렇게 되지 않는다. 어떻게 하든 10분에 생산되는 양이 정해져 있다. 2025년 현재는 10여 분에 3.125개로, 그 증가율이 굉장히 낮다. 금의 경우 공급량 증가 비율이 연 2%로 추정되는데, 비트코인은 연 1% 정도이다. 그리고 이 연 증가율도 앞으로 계속 낮아져서 결국 0%가 된다. 이 정도로 공급이 안 되고 증가 비율이 낮은 상품은 현재 지구상에 비트코인 말고는 없다.

투자 차원에서 공급량이 고정되어 있는 것보다 더 매력적인 것은 없다. 물론 공급량 고정이 투자에서 가장 중요하고 결정적인 기준은 아니다. 가격은 수요와 공급에 의해서 결정된다. 하지만 공급량 고정이라는 건 투자에서 굉장히 중요한 사항이다. 비트코인은 이 조건을 충족시킨다. 비트코인은 '공급량이 한정된 21세기 최고의 투자 상품'이다.

워런 버핏, "비트코인, 25달러라도 안 산다!"

워런 버핏은 자타가 인정하는 세계 최고의 투자자이다. 세계 최고의 부자들은 보통 새로운 사업을 일궈낸 사람들이다. 테슬라를 세운 일론 머스크, 아마존을 창업한 제프 베이조스, 마이크로소프트를 만든 빌 게이츠 등, 세계를 바꾸었다고 하는 기업을 만들어서 키워낸 사람이 보통 세계 최고의 부자 명단에 들어간다. 그런데 워런 버핏은 오직 투자로만 세계 최고의 갑부가 되었다. 워런 버핏도 회사를 가지고 있기는 하다. 버크셔 해서웨이Berkshire Hathaway이다. 하지만 버크셔 해서웨이는 특별한 제품이나 서비스를 만드는 회사가 아니다. 단지 워런 버핏이 투자할 때 이용하는 회사로서만 의미 있을 뿐이다. 워런 버핏은 대부분의 투자를 버크셔 해서웨이의 이름으로 한다.

2022년 4월 30일은 버크셔 해서웨이의 주주총회 날이었다. 한국과 달리 미국의 주주총회는 주주들의 파티인 경우가 많다. 버크셔 해서웨이 주주들이 모두 한자리에 모여 한바탕 잔치를 벌인다. 그리고 워런 버핏은 이 자리에 참석해서 회사의 투자 방향이나 철학에 대해 설명한다. 그가 했다는 말의 대부분은 사실 이 주주총회에서 한 것들이다. 그는 개별적인 인터뷰나 발표는 거의 하지 않는다.

　이날 워런 버핏이 주주총회에서 한 말은 세계적 이슈가 되었다. 바로 비트코인에 대한 부정적인 언급이다. "비트코인에는 아무런 가치가 없다! 전 세계 모든 비트코인을 25달러에 살 수 있어도 사지 않겠다!" 그런데 그가 비트코인을 인정하지 않는 것은 새로운 이야기가 아니다. 그는 오래전부터 계속해서 비트코인에는 어떤 가치도 없다고 말해왔다. 그리고 사람들은 이 말을 일종의 근거로 들면서 비트코인을 비판한다. 세계 최고의 투자자, 세계 최고의 현인으로 인정받는 워런 버핏이 비트코인을 이렇게 보고 있는데, 그래도 계속해서 비트코인을 살 거냐는 비판이다.

　비트코인을 어떻게 생각하는지, 그리고 비트코인에 투자할지 말지는 개개인의 몫이다. 그런데 워런 버핏의 말을 기준으로 비트코인에 대해 이런저런 판단을 하는 것은 곤란하다. 유명인의 말을 그냥 인용하고, 또 유명인의 말을 그냥 사실로 받아들이는 것은 일종의 인지 오류일 뿐이다.

　우선 워런 버핏은 누구나 다 알고 있듯이 가치 투자자이다. 가치 투자의 가장 대표적인 인물이 바로 워런 버핏이다. 가치 투자는 기업, 주식의 객관적인 가치를 중시한다. 이익이 얼마인지, 수익창출력이 어느 정도인지, 자산 가치가 어느 정도인지가 투자 여부를 판단하는 중요한 지표가 된다. 이런 실질 가치에 비해 현재 주가가 어느 정도 수준인지를 보고 투자 여부를 판단한다. 실질 가치가 현재 주가보다 높으면 주식을 사고, 낮으면 판다.

이런 가치 투자 관점에서 보면 비트코인에는 아무 가치가 없다. 아무리 오래 가지고 있어도 어떤 현금 흐름도 만들어내지 못한다. 현금을 은행에 맡기면 이자라도 나오는데, 비트코인은 그런 것도 없다. 기대 수익이 0이면 가치도 0이다. 그러면 가격도 0이어야 한다. 가치 투자 관점에서 보면 워런 버핏의 말은 100% 옳다.

그런데 이 세상 물건의 가격이란 게 꼭 수익 창출이라는 객관적 가치에 의해서만 정해지는 건 아니다. 여기에 명화 한 점이 있다. 그것을 가지고 있다고 해서 매달 얼마의 이익이 생기지는 않는다. 매년 배당금이 나오지도 않는다. 수익 가치가 0이다. 하지만 그 작품에는 몇십억, 몇백억의 가격이 붙는다. 가지고 있어도 돈 한 푼 나오지 않는 한정판 스니커즈, 야구선수 카드 등이 몇천만, 몇십억에 거래된다. 심지어 포켓몬 카드도 몇억 원에 거래되는 게 있다. 가치 투자 기준에서는 이 모든 상품의 가격은 0이어야 한다.

투자 방법에는 여러 가지가 있다. 가치 투자는 그중 하나일 뿐이다. 그래프, 차트를 중심으로 보는 기술적 투자에서는 기업 가치가 별로 중요하지 않다. 차트 중심 투자에서는 기업의 본질적 가치를 전혀 신경 쓰지 않는다. 워런 버핏은 가치 투자자로서, 가치 투자라는 기준에서 비트코인을 판단하고 말할 뿐이다. 다른 투자 기법의 관점에서 보면 비트코인 가격은 다르게 산정될 수 있다.

또 워런 버핏이 세계적인 투자자라고 해서 그의 모든 말이 일리가 있다고 생각하는 것도 오류이다. 워런 버핏은 많은 돈을 벌었다. 그건 사실이고 충분히 인정받을 만하다. 그런데 돈을 벌었다고 해서 남다른 예지력이나 통찰력이 있다고 생각해서는 곤란하다. 올림픽 금메달을 딴 세계적인 수영 선수가 수영에 대해 이야기하면 분명 새겨들어야 한다. 하지만 축구에 대해서 하는 말까지 그런 자세를 취할 필요는 없다.

워런 버핏은 유명하고 유망한 기업에 투자해서 큰돈을 벌었다. 코카콜라, 아메리칸 익스프레스 등이 대표적이다. 이 분야에 대해서는 전문가라 인정해도 된다. 하지만 워런 버핏은 인터넷 세상을 전혀 예측하지 못했다. 지금 비트코인을 비판하듯이, 1990년대, 2000년대에는 인터넷 기업들을 비판했다. 당시 인터넷 기업들은 수익을 하나도 내지 못했다. 가치 투자자에게는 가치 제로의 회사들이었고, 이런 회사들이 세상의 주목을 받는 것을 이해하지 못했다. 그의 기준에서는 애플, 아마존, 구글, 넷플릭스, 페이스북(현 메타 플랫폼스) 같은 회사는 아무런 가치가 없었다. 워런 버핏은 분명 훌륭한 투자자이다. 하지만 미래를 내다보는 혜안까지 가지고 있다고 볼 수는 없다. 애플, 아마존, 마이크로소프트, 구글, 넷플릭스, 페이스북 등을 아무 가치가 없는 거품으로만 생각한 사람을 혜안이 있다고 볼 수는 없다.

워런 버핏이 2025년 5월 현재 애플에 3억 주 이상 막대한 투자를 하고 있기는 하지만, 그가 애플 주를 사기 시작한 건 2016년부터이다. 애플이 아이팟, 아이패드, 아이폰을 개발하면서 주가가 폭등할 때는 투자하지 않고, 스마트폰이 일반 소비재로 안착한 다음에야 사기 시작했다. 새로운 기술과 세상을 받아들여서가 아니다. 과거 전통적인 산업에서의 판단 기준, 즉 생활에 밀착되어서 그 상품 없이는 살 수 없는 단계, 그래서 기업이 계속해서 이익을 낼 수 있는 단계가 되었기에 투자한 것이다. 그는 그 기준으로 돈을 벌어 세계 최고 투자자가 되었다. 미래를 내다보는 혜안 때문이 아니다.

그런 이유에서 사람들이 워런 버핏의 말을 근거로 비트코인에 대한 비관론을 펼치지는 않았으면 좋겠다. 비트코인이 어떻게 될지는 사실 누구도 모른다. 미래 예측은 우리의 영역이 아니다. 하지만 비트코인이 가치 투자의 기준으로는 설명할 수 없는 현상이라는 것은 분명하다. 가치 투자자의 시각으로 비트코인을 바라보는 워런 버핏의 이야기를 끌어들이는 건 비트코인을 이해하는 데 별 도움이 되지 않는다. 이 세상에는 가치 투자 이외에도 다양한 투자 방법이 있고, 수익 가치 이외의 것을 중시하는 세계관도 있다.

비트코인의 변동성은 정말 문제가 안 될까

비트코인 투자에서 주요 문제점으로 거론되는 것이 변동성이다. 가격의 등락이 굉장히 심하다. 비트코인은 폭등한다고 해도, 1억 하던 것이 1억 1000, 1억 2000, 1억 3000 하는 식으로 오르지 않는다. 1억 원 하던 것이 7000만 원으로 30% 폭락했다가, 갑자기 1억 2000만 원으로 오르는 식이다. 7000에서 1억 2000으로 오르면 70% 폭등이다. 1억과 1억 2000을 비교하면 20% 상승이지만, 그 사이에는 30% 폭락, 70% 폭등이 있다. 사정을 모르는 사람은 "그 사이 20%나 올랐네" 하며 부러워할지 모르지만, 막상 비트코인을 보유하고 있는 사람은 지옥과 천당을 맛본다.

제대로 된 화폐적 자산이라면 이런 식으로 폭등, 폭락을 해서는 안 된다. 우선 이렇게 폭등, 폭락하는 자산은 화폐의 가치 척도 기준으로 사용할 수 없다. 커피값이 하루는 5000원이었다가 다음날은 3500원, 또 그다음날은 6000원이 된다면 현실에서 거래되기 어렵다. 이런 자산은 가치 저장 수단으로도 활용할 수 없다. 가치가 안정되어야 가치 저장 수단으로 이용할 수 있다. 가치가 왔다 갔다 하는데, 저장 수단으로 사용될 리가 없다.

실제 사용하는 것이든, 투자하는 것이든, 이런 식으로 가격이 폭등, 폭락해서는 곤란하다. 그런데 비트코인은 이런 식으로 움직인다. 이 변동성이 비트코인을 제대로 된 투자 자산으로 인정하는 데 큰 걸림돌이 된다.

나는 현재 비트코인을 10년 이상 보유하고 있다. 비트코인의 이 변동성을 정말 질릴 만큼 경험해왔다. 지난 기간, 비트코인이 하루 5% 이상 움직인 것이 1년에 50회 정도였다. 1주일에 한 번 정도 5% 폭락, 5% 폭등을 겪는다. 그리고 10% 이상 움직인 것도 1년에 10회가 넘었다. 즉 한 달에 한 번꼴로 10% 정도의 폭락, 폭등이 발생한다. 그리고 하루 이틀 사이에 20%가 빠지는 것도 드문 일이 아니다. 말이 20%이지, 1000만 원이면 하루 200만 원이 떨어지고, 1억이면 하루 2000만 원이 떨어진다. 그리고 2000만 원이 떨어진다고 해서, 반드시 딱 2000만 원만 움직이는 것도 아니다. 시초가 기준으로 10% 올랐다가 20% 떨어지면 1억 1000만 원이 되었다가 8000만 원이 된다. 하루 3000만 원이 움직이는 것이다. 웬만한 신입 직장인의 1년 연봉이 하루에 왔다 갔다 한다.

그래도 다행인 것은, 2025년 현재 비트코인은 과거에 비하면 그 변동성이 크게 줄어들었다. 2024년 비트코인 ETF가 미국에서 출시되고 난 이후 변동성이 굉장히 감소했다. 큰돈이 들어오고, 사람들이 쉽게 비트코인 ETF를 사고팔 수 있게 되면서, 폭락하면 바로 매수세가 붙고, 폭등하면 바로 매도세가 따라와서 그런 것 같다. 물론 지금도 보통 사람들에게 비트코인은 굉장히 변동성이 크다. 일주일에 10% 이상 폭등, 폭락하는 경우가 한 달에 한 번 정도는 발생한다. 이런 변동성에 비명을 지르는 투자자도 여전히 많다. 그러나 이런 변화는 이전보다는 굉장히 완화된 것이다. 전에는 일주일이 아니라 하루 사이의 10% 변화도 정말 많았다. 무엇보다 지난 10년간, 갑자기 50% 정도 떨어져 반타작이 되는 경우가 6회나 있었다. 평균 1년 8개월에 한 번씩 반타작이 되었다는 의미이다. 이렇게 변동성이 큰 상품이 제대로 인정받을 리가 없다.

그런데 나는 그런 변동성 때문에 비트코인을 싫어한 적은 없었다. 그 이유는 간단하다. 일반적으로 비트코인은 변동성이 굉장히 크다고 하는데, 난 비트코인의 변동성이 투자에서 손을 떼야 할 정도로 큰 건 아니라고 생각했기 때문이다. 비트코인의 변동성이 크다는 비판에 대해 난 이렇게 묻는다. 그럼 어떤 투자 상품이 비트코인보다 변동성이 작냐고.

요즘 많은 사람들이 미국 주식 투자를 한다. 그럼 미국 주식은 비트코인보다 변동성이 작은가? 미국 주식시장은 무섭다. 실적이 예상보다 나쁘면 실적 발표 날 바로 50% 떨어지는 일이 수두룩하다. 사업 모델의 지속 가능성에 문제가 있다고 판단되면 며칠 사이에

90% 폭락하는 경우도 비일비재하다. 물론 반대로 실적이 예상보다 좋으면 바로 몇십 퍼센트 폭등한다. 석유 같은 상품은 안정적이지 않냐고 반문할지 모르겠다. 하지만 코로나 사태 때 원유 가격은 마이너스 가격까지 내려갔다.

환율은 하루 10원 정도씩 움직이니 안정적이라고 생각한다면, 그건 투자에 대해 잘 모르고 하는 소리이다. 그렇게 변동폭이 적은 상품은 투자 수익이 제대로 나지 않는다. 그래서 투자자는 그런 상품에는 레버리지를 잔뜩 끌어들여 하루 1%만 올라도 큰 수익을 얻을 수 있게 투자한다. 이런 기준에서 볼 때 비트코인의 변동성은 그리 크다고 볼 수 없다. 오히려 난 비트코인이 미국 주식보다 더 안정적이라고 생각한다. 미국 주식이 50% 폭락하면 이 주식이 다시 회복할지, 아니면 이대로 90% 폭락으로 이어질지 판단할 수가 없다. 아예 상장폐지 되어서 모든 투자금을 다 날릴 위험성도 있다. 하지만 비트코인은 지금 폭락하더라도 시간이 지나면 회복할 거라는 희망을 품을 수 있다. 폭락했을 때 회복을 기대할 수 없는 변동성과 폭락해도 회복을 기대할 수 있는 변동성 중 어느 게 더 좋은가. 그런 면에서 보면, 다른 투자 상품에 비해서 비트코인의 변동성이 훨씬 더 낫다.

변동성 때문에 비트코인을 비판하는 건 투자 상품에 대해 잘 모르는 경우라고 본다. 현금, 저축, 예금 등에 초점을 맞추는 사람에게는 비트코인의 변동성이 크게 문제될 것이다. 또 부동산 투자를 하더라도 아파트만 생각하는 사람은 비트코인의 변동성이 문제가 된다. 하지만 땅, 상가 등에 투자하는 사람, 시행, 분양 등의 일을 하는 사람은 비트코인보다 훨씬 더 큰 변동성을 겪는다. 주식을 하더라도 상한가, 하한가가 있고 폭등, 폭락을 견제하는 한국 주식에 익숙한 사람은 비트코인의 변동성을 참을 수 없다. 하지만 미국 주식, 선물, 옵션, FX거래, 레버리지 ETF 상품 등에 투자하는 사람에게는 비트코인의 변동성이 큰 문제가 아니다. 이런 상품들은 비트코인보다 더 심하면 심했지 덜하지 않다.

비트코인의 변동성과 관련해서 내가 항상 스스로에게 들려주는 말이 있다. 2021년 1월, 비트코인이 하루에 20% 떨어진 날이 있었다. 그때 미국의 한 비트코인 애널리스트가 한 말이다.

"하루에 20%가 떨어졌다. 그래서 어떻단 말인가."

비트코인은 원래 그래왔다. 하루 20% 떨어지는 것은 1년에 몇 번 있는 일이다. 그렇다고 해서 비트코인의 장기 전망이 달라지는 건 아니다. 비트코인의 등락이 큰 것은 사실이지만, 그것이 비트코인의 가치에 영향을 미치는 것은 아니다. 다만, 그 등락을 견딜 수 있는 사람만 비트코인 판에 들어올 수 있다. 그 등락을 견딜 수 없는 사람은 버틸 수 없을 것이다.

비트코인 비판자들은 이 큰 등락을 문제로 바라본다. 그런데 그건 그 사람들이 투자에 익숙하지 않고 가격의 급등락을 버틸 수 없기 때문에 그렇다. 그들에게 하루에 몇천만 원, 몇억 원이 움직이는 큰 등락폭은 심리적으로 버틸 수 없는 어마어마한 사건인 것이다. 그러나 성공적인 투자자에게는 그렇지 않다. 투자자들은 처음에는 소액을 투자하다가, 수익을 얻으면서 점차 그 액수를 늘려가게 된다. 그래서 처음에는 등락폭이 몇십만 원 수준이었다가 점차 투자금이 늘어나면서 하루 몇백만 원, 몇천만 원의 등락폭을 경험하게 된다. 더 규모가 커지면 하루 몇억 원, 몇십억 원까지도 간다. 경험이 많아져 단련될수록 버틸 수 있는 등락폭도 커진다. 이런 투자자에게 현재 비트코인의 변동성은 큰 문제가 아니다.

비트코인을 가치 척도, 지불 척도로 사용하려 할 때는 변동성이 문제될 수 있다. 하지만 가치 저장, 특히 투자 수단으로서의 비트코인이라면 변동성이 별문제가 되지 않는다. 그게 비트코인의 변동성에 관한 나의 생각이다.

성공적인 비트코인 투자에 꼭 필요한 것

투자 대상으로서 비트코인을 볼 때, 성공적인 비트코인 투자에 필요한 것은 무엇일까? 내 한 친구는 '비트코인에 대한 신앙'이라고 했다. 비트코인은 앞으로 반드시 오른다는 확고한 믿음을 말한다. 단순한 믿음이나 신뢰 정도로는 안 된다. 비트코인에는 매출, 이익 같은 뭔가를 기대할 수 있는 일반적인 지표가 없다. 그러니 신뢰만으로 시작하면 반드시 의심이 밀려온다.

비트코인이 오를 때는 앞으로도 계속 오를 거라는 믿음을 유지할 수 있다. 단기간 떨어져도 지금은 하락하지만 앞으로 오를 거라는 신뢰감을 가질 수 있다. 하지만 장기간, 몇개월을 넘어 1년 이상 오르지 않고 제자리걸음을 하거나 하락 추세일 때는 비트코인에 대한 믿음이 점차 사라진다. '비트코인은 이제 끝났구나'라는 생각이 들게 되고, 결국 버티지 못하고 팔 수밖에 없게 된다. 단순한 믿음만으로는 끝까지 비트코인을 가지고 있을 수 없다. 그래서 '신앙심'을 가져야 한다. 아무리 폭락해도, 아무리 오르지 않고 제자리걸음을 해도, 그래도 비트코인은 반드시 오를 거라는 신앙 말이다. 이처럼 내 친구는 앞으로 비트코인의 세상이 올 거라는 근거 없는 신앙을 가질 때라야 비트코인 투자에서 성공할 수 있다고 보았다.

나는 그 친구의 의견에 찬성한다. 물론 투자 대상에 신앙심을 가지고 투자한다는 건 어이없는 일이다. 그런데 그 말에 찬성할 수밖에 없는 건, 그 정도의 마음을 가지고 있지 않으면 비트코인을 오래 들고 있기 힘들기 때문이다. 큰 변동성에도 불구하고 비트코인을 장기간 계속 보유하기는 정말로 힘들다. 신앙에 가까운 맹목적인 믿음이 없으면 변동성을 이겨내기가 쉽지 않다.

앞에서 나는 비트코인의 변동성이 투자 대상 중에서 그렇게 큰 건 아니라고 이야기했다. 비트코인보다 더 변동성 있는 옵션, FX거래 등도 있다. 그런데 이런 것들은 사실 투자라기보다는 도박 영역에 가깝다. 비트코인은 도박보다 더 변동성이 크지는 않다. 하지만 일반 투자 대상들보다는 변동성이 높은 게 맞다. 도박사적인 투자자는 버틸 수 있어도, 일반 투자자는 버티기 힘들다. 그야말로 비트코인에 대한 신앙이 없으면 오랫동안 계속해서 비트코인을 가지고 있기는 어렵다.

보유하고 있는 액수가 적으면 그 변동성에도 불구하고 별문제 없이 오래 가지고 있을 수 있다. 비트코인에 100만 원만 투자했다면,

반토막이 난다 해도 50만 원 손해일 뿐이다. 이러면 50% 손해가 나더라도 그냥 별생각 없이 계속 가지고 있겠다고 할 수 있다. 하지만 액수가 커지면 어려워진다. 1억 원이 들어가 있으면 하루 5%만 출렁여도 500만 원이 왔다 갔다 한다. 10억 원이면 하루 5000만 원이 왔다 갔다 한다. 10%가 떨어지면 하루 1억 원이 내려가는 거고, 20%가 떨어지면 2억이 날아간다. 물론 주식도 이렇게 떨어질 수 있다. 하지만 그건 어쩌다 벌어지는 일이다. 또 그렇게 떨어지더라도 장기간에 걸쳐 떨어진다. 심리적으로 적응할 시간이 있다. 그런데 비트코인은 하루 사이에 10% 떨어지는 일이 비일비재하다. 며칠 사이에 20% 떨어지는 것도 이상하지 않다. 아침에 일어났는데, 지난밤 사이에 재산의 10%가 날아갔다는 걸 알고도 무덤덤할 투자자는 드물다. 앞으로 오를 거라는 신앙이 없으면 버티기 힘들다.

비트코인을 장기간 보유하지 않고 사고팔고 하는 투자자도 있다. 떨어지면 사고, 오르면 파는 투자 기법이다. 이렇게 떨어지면 사고 오르면 파는 투자자에게는 변동성이 큰 투자 대상이 오히려 낫다. 몇 퍼센트 떨어지면 사고, 몇 퍼센트 오르면 파는 식인데, 보통 주식이라면 1~2% 떨어지면 사고 1~2% 오르면 팔지만 비트코인은 변동성이 크니 5% 떨어지면 사고 5% 오르면 팔고 한다. 보통 주식이라면 이런 식의 거래에서 3~4% 정도 수익을 얻는데, 비트코인은 변동성이 크다 보니 10%의 수익을 챙길 수 있다.

좋아 보인다. 하지만 비트코인을 이런 식으로 계속 거래하다 보면 어느 순간 반드시 큰 손실을 겪게 된다. 이런 매매 기법에서는 변동성이 클 때 수익이 크다. 그런데 변동성이 너무 크면 이 매매 기법이 통하지 않는다. 5% 떨어지면 충분히 떨어진 것이고, 이 정도 떨어졌으면 이제 더 이상 떨어지지 않고 반등할 것이라 예상해서 사는 것이다. 그런데 비트코인은 5% 떨어지고 나서 10%까지 더 떨어지는 경우가 심심찮게 발생한다. 10%까지 떨어졌으니 이제 사야겠다고 생각해도 마찬가지이다. 20%까지 떨어지고, 또 50%까지 떨어진다. 충분히 떨어졌다고 생각해서 샀는데, 거기서 또 폭락한다. 평소에 조금씩 조금씩 수익을 봐왔는데 이런 폭락이 발생하면 그동안 번 돈을 다 뱉어내고도 오히려 더 큰 손실을 맛보게 된다. 단기간으로는 분명 계속 돈을 버는 시스템인데, 1년에 한두 번 발생하는 대폭락기에 모든 수익을 반납하게 된다.

이 기법에서는 어느 정도 오르면 판다. 2% 오르면 팔고, 5% 오르면 팔고, 10% 오르면 판다. 그런데 비트코인이 상승할 때는 무섭게 상승한다. 몇십 퍼센트 급등해서 가격대가 달라지는데, 그렇게 오르기 전에 다 팔았기 때문에 급등의 수익을 얻지 못한다. 비트코인이 크게 올랐을 때 그 수익을 챙기지 못한다. 그 대신 비트코인이 크게 폭락할 때는 그 손실을 모두 입는다. 많은 투자자가 이런 식으로 비트코인을 사고팔았고, 대부분은 큰 손해를 본 채 비트코인에서 손을 뗐다.

또 많은 이들이 비트코인이 아닌 알트코인을 산다. 비트코인은 너무 비싸고, 이미 충분히 올랐다는 이유에서이다. 그래서 가격이 싸고 앞으로 폭등할 것 같은 알트코인을 산다. '코인을 한다'고 하면 거의 대부분 알트코인이다. '비트코인을 한다'고 말하는 사람도 알고 보면 말만 그럴 뿐, 실제로는 알트코인만 가지고 있는 경우가 많다. 폭등할 때는 알트코인이 비트코인보다 훨씬 더 많이 오르기 때문에 그 수익을 바라고 알트코인에만 투자하기도 한다.

그런데 알트코인에 투자할 때 알고 있어야 할 한 가지가 있다. 코인은 장투, 즉 장기 투자를 하면 결국 수익이 난다는 이야기가 있다. 코인만이 아니라 주식도 장투를 하면 결국 이익을 본다고 한다. 그런데 코인 중에서 장기 투자로 성공하는 것은 비트코인뿐이다. 다른 코인은 그렇지 않다. 코인은 폭등하면 무섭게 오른다. 그다음에는 폭락한다. 폭락해도 비트코인은 시간이 지나면 또 폭등한다. 이전 가격대를 넘어서는 폭등이다. 그러니 장기 투자를 해도 이익이 난다. 하지만 알트코인들은 그렇지 않다. 폭등-폭락의 사이클을 거치고 난 후 이어지는 폭등이 없다. 폭등한다고 해도 이전 고점을 넘어서지 못한다. 알트코인계는 계속해서 새로운 코인이 나오고, 새로운 코인 중에서 폭등하는 코인이 나온다. 알트코인은 장기 투자를 하면 안 된다. 한번 크게 폭등했던 코인은 이제 쳐다보지 말고, 폭등할 가능성이 있는 새로운 코인으로 갈아타야 한다. 이더리움만은 그래도 얼마 전까지는 과거 최고점을 넘어서는 폭등을 해왔는데, 최근에는 과거 최고점을 넘어서지 못하고 있다. 즉 지금까지 장기 투자에서 성공적이었던 것은 비트코인뿐이다.

비트코인은 10년 만에 200배 이상 상승한 최고의 투자처였지만, 막상 비트코인으로 큰돈을 번 사람은 굉장히 드물다. 장기 투자

한 사람은 큰 수익을 올렸지만, 그 외 다른 투자법을 사용한 사람은 거의 다 손실만 보았다. 비트코인은 계속 오를 것이라는 신앙을 가진 사람들만 큰 이익을 보았다는 뜻이다. 비트코인 투자에 가장 필요한 건 이런 신앙과 같은 마음이다.

비트코인 마니아는 존재하는가

비트코인의 공급은 고정되어 있다. 그래서 비트코인의 가격은 수요에 의해 결정된다. 수요가 증가하면 가격이 오르고, 수요가 감소하면 가격이 떨어진다. 만약 아무도 비트코인을 원하지 않으면? 그러면 비트코인 가격은 0이다. 아무 쓸모 없는 쓰레기가 된다.

그렇다면 여기서 중요한 것은 비트코인을 원하는 수요층이 얼마나 존재하느냐이다. 고정된 공급량이 굉장한 특성이기는 하지만, 단지 그 이유만으로 비트코인을 사지는 않는다. 사람들이 비트코인에 관심을 가지는 건 가격이 오르기 때문이지 공급이 고정되어 있어서가 아니다.

앞에서 공급이 고정되어 있는 것은 비트코인 말고는 찾기 어렵다고 했는데, 사실 비트코인처럼 공급이 고정되어 있는 상품은 있다.

비트코인캐시처럼 비트코인에서 파생된 가상자산이다. 느린 거래 속도는 비트코인의 약점으로 자주 거론된다. 비트코인 채굴자들 사이에서 거래 속도를 개선하자는 주장이 제기되었고, 찬반 입장이 갈린다. 결국 거래 속도를 높이자는 사람들이 비트코인캐시를 만들었다. 비트코인캐시는 비트코인에서 파생된 것이기에 비트코인의 특성을 그대로 갖고 있다. 공급량도 2100만 개로 똑같고, 10분 생산량도 똑같다. 그런데 2025년 현재 비트코인의 가격은 1억 원이 넘는데 비트코인캐시는 60만 원 정도이다. 거래 속도 외에는 비트코인과 똑같은 특성을 가지고 있지만, 가격에서는 엄청난 격차가 난다. 이건 수요의 차이 때문이다. 비트코인도 수요가 떨어지면 언제든 60만 원으로 고꾸라질 수 있다. 비트코인에는 내재적 가치가 없고, 어디에 특별히 쓸모가 있는 것도 아니다. 더 이상 비트코인을 찾는 사람이 없어지면 그야말로 끝장난다.

그럼 이런 경우 수요층은 어떻게 정해질까. 세 부류로 구분될 수 있다. 첫째, 최근 가격이 오르면서 자기도 그 추세를 타려고 뛰어드는 사람들이다. 그들은 비트코인의 가격이 폭락하고 더 이상 수익성이 없다고 여겨지면 비트코인계를 떠난다. 비트코인이 폭등한다며 언론이 요란하면 비트코인 투자를 시작한다. 그러다 가격이 폭락하고 더 오를 기세가 보이지 않으면 떠난다. 사실 대부분의 비트코인 투자자는 이 부류이다. 일반적인 주식 투자자도 대부분 이런 식이다. 오르면 들어와서 사고, 내리면 팔고 나간다. 비트코인의 폭등과 폭락은 이런 수요층 때문에 더 강화된다. 어쨌든 이런 수요는 믿을 게 못 된다. 이런 투자자만 있으면 비트코인은 언제든 0원이 될 수 있다.

둘째, 장기 투자자이다. 비트코인이 장기적으로 오를 것을 믿고 산다. 이 수요층은 지금 당장의 등락에는 크게 신경 쓰지 않는다. 지금이 어떻든 장기적으로 비트코인이 오를 것이라 믿고, 폭락해도 팔지 않는다. 오히려 일정 가격 이하로 떨어지면 더 산다. 안정적인 수요층이다.

이런 사람들이 많으면 비트코인의 가격은 떨어지지 않을 것 같다. 하지만 그건 아니다. 이 사람들에게 중요한 것은 '장기적으로 오르느냐'이다. 지금은 장기적으로 오를 거라는 확신이 있지만, 앞으로 무슨 일이 생겨 그 확신이 없어지면 팔게 된다. 단기 투자자보다는 수요가 오래간다. 하지만 이들도 끝까지 믿을 수 있는 수요층은 아니다.

셋째, 마니아가 있다. 상품의 가격과 상관없이 그 상품을 가지고 싶어 하는 사람들이다. 가격이 오르건 말건 상관없이 사려고 한다. 돈이 없어서 못 사는 것이지, 돈만 있으면 무조건 사려 한다.

한국의 유명 화가 고故 천경자 화백의 그림을 보자. 천경자 화백의 그림을 사려는 사람 중에는 지금 사두면 나중에 큰 이익을 볼 거라고 믿는 이들이 있다. 앞에서 언급한 두 번째 부류의 수요층이다. 이런 수요층은 천경자 화백의 그림 가격이 계속 오를 가능성이 없어지면 팔려고 한다. 그런데 천경자 화백의 그림에는 그런 수요층만 있는 게 아니다. 그냥 그의 그림이 좋아서 가격이 얼마든 사려는 사람들이 있다. 지금 돈이 없어서 못 사는 것이다. 이런 사람들은 천경자 화백의 인기가 떨어지고 그림값이 폭락하더라도 산다. 오히려 폭락에 감사하며 그의 그림들을 더 모으려 한다. 이런 마니아층이 있으면 어느 순간 폭락은 멈추고 가격 상승이 일어난다. 그러면 장기적 투자자들이 가격 상승을 믿고 다시 사기 시작하고, 단기적으로 가격이 오르면 단기적 투자자들도 몰려든다. 이러면 가격은 유지되고 더 오를 수 있다.

즉 그림이나 비트코인처럼 내재적 가치가 없는 상품의 수요에서 중요한 것은 마니아층의 유무와 그 규모이다. 가격과 상관없이 구매하려는 마니아층이 많으면 그 상품의 가격은 유지되고 계속 오를 수 있다. 하지만 마니아층이 없으면 언제든 폭락하고 시장에서 사라질 수 있다.

그렇다면 비트코인에는 마니아층이 있을까? 가격과 상관없이 무조건 비트코인을 원하는 사람들이 있을까? 있다. 그것도 많다. 비트코인에 대해 부정적인 사람들, 그리고 비트코인을 투자 자산으로만 보는 사람들은 이해하기 어려울 것이다. 하지만 비트코인 마니아들은 전 세계적으로 상당히 많다.

그렇다면 그들은 어떤 사람들일까? 그 가격 때문이 아니라, 비트코인의 자유주의적 사상, 반정부적 정신에 크게 공감하는 사람들, 정부의 재량권을 좋아하지 않는 사람들, 세계주의자, 인터넷 독립론자들이 그들이다. 앞에서 언급했던, 비트코인의 독립적인 철학과 상징성이 좋아 비트코인을 지지하고 보유했던 사람들이다. 물론 주위에서 그런 이들을 보기는 쉽지 않을 것이다. 하지만 세계적으로는 충분히 많이 존재한다. 투자재로서의 비트코인이 가치가 없어지더라도, 계속 비트코인에 관심을 가지고 지지할 사람들이다. 물론 이들 중에도 가격 폭등이 이어질 때 도중에 판 사람들이 많다. 하지만 가격이 낮아지면 언제든 다시 살 수 있는 사람들이다. 여유 자금만 있다면 얼마든지 사려는 사람들이다. 이런 핵심 수요층이 비트코인계에는 많다.

다른 가상자산에는 이런 마니아, 핵심 지지층이 없다. 2위 가상자산인 이더리움의 경우를 보면, 사람들이 이더리움에 관심을 갖는 이유는 블록체인으로서의 유용성이나 미래 가치 때문이다. 이더리움 그 자체를 원한 게 아니다. 비트코인캐시는 더더욱 마니아층이 없다. 마니아층이 있느냐 없느냐, 그 차이가 하나는 1억 원으로, 다른 하나는 60만 원으로 만들었다.

사실 나도 비트코인 마니아이다. 나는 경제에 정부가 개입하지 말아야 한다는 고전주의적 경제관을 가지고 있다. 자유주의를 지지하고 정부의 역할에 굉장히 비관적이라는 뜻이다. 그래서 정부가 개입할 여지가 없는 비트코인에 찬성한다. 이런 생각 때문에 비트코인에 신앙에 가까운 마음을 가지고 있는 거고, 엄청난 변동성을 겪으면서도 팔지 않을 수 있었다.

또 이런 마음을 가지고 비트코인을 보유하다 보면 희한한 감정을 경험하게 된다. 비트코인은 팔기 싫다. 앞으로 비트코인이 폭락할 거라고 해도 팔기가 싫다. 오히려 더 가지고 싶다. 나는 주식은 물론이고 이더리움 같은 다른 가상자산도 많이 보유하고 있다. 이런 자산들은 많은 이익을 보았다 하더라도 더 이상 오르기 힘들다고 판단되면 미련 없이 처분한다. 아무리 좋고 유명한 기업이라 해도 별 미련 없이 판다. 투자의 철칙 중 하나가 '투자 대상을 사랑하면 안 된다'이다. 이더리움 등을 판 다음에 가격이 더 오르더라도 아쉬워한 적이 없다. 그런데 비트코인은 달랐다. 비트코인은 팔면 후회한다. 팔지 말아야 했다며 후회하고, 더 사야 한다며 아쉬워한다. 가격이 폭락하건 말건, 장기적으로 어떻게 되건 말건 비트코인은 가지고 싶다. 그런데 이건 나만의 생각이 아니다. 비트코인을 가지고 있는 사람 중 많은 이들이 이런 감정을 가지고 있다. 비트코인 마니아들은 생각보다 많다.

그래서 난 비트코인은 단순한 가상자산, 투자 대상이 아니라, 예술 작품과 같은 존재라고 생각한다. 비트코인은 마니아가 존재하는 하나의 작품이다. 그러니 수요가 없어져 가격이 완전히 붕괴될 일은 없다고 본다. 마니아들이 어느 수준 이상으로 가격을 지켜준다. 이런 상품은 가격이 일정 수준 이하로 떨어지지 않고 계속 오를 가능성이 크다. 마니아적인 핵심 수요층이 존재한다는 것, 비트코인 투자에서 가장 중요한 사실 중 하나이다.

# 그래서 비트코인 투자는 어떻게 해야 하는가?

얼마 전, 재테크 관련 세미나가 있었다. 그중 한 세션에서 비트코인 투자 방법을 다뤘다. 강사는 강연을 시작하면서 비트코인 투자에서 성공하는 비법을 한 가지 공개하겠다고 했는데, 강연 마지막쯤에서 그 비법을 이야기했다. 강연자는 이렇게 말했다.

"이걸 비법이라고 하면 너무 허무하다고 생각하거나, 그게 무슨 비법이냐고 할 분들도 있을 텐데, 하지만 이렇게 투자하면 분명 수익을 얻을 수 있습니다."

이 강연자는 정말 코인 전문가라 할 수 있었다. 매일 코인에 대한 정보를 찾고, 연구하고 그걸 유튜브나 SNS 등에 소개하는 사람이다. 코인에 대한 정보는 한국에 잘 없다. 그래서 해외 관련 사이트를 뒤져야 한다. 그렇게 정보를 찾아 코인 투자를 하는 사람이었는데, 이 강연자가 말하는 비트코인 투자의 성공 비법은 이랬다.

"비트코인을 4년 동안 보유하라!"

비법 '4년 동안 보유하기'는 모든 코인에 해당하는 건 아니었다. 알트코인을 그런 식으로 투자하면 오히려 망할 가능성이 높아진다. 알트코인은 트렌드를 따라 투자하고, 이익을 보면 빠져나와야 한다. 가격이 떨어졌다고 더 사거나, 떨어진 가격이 회복되길 기다려선 안 된다.

하지만 비트코인 투자에서는 그런 식으로 사고파는 것보다 더 확실한 방법이 있다. 그냥 4년 동안 들고 있는 것이다. 그러면 분명 수익이 날 것이다. 그것도 큰 수익이 난다.

그런데 난 이 강연자와 의견이 조금 다르다. 그는 비트코인을 4년간 들고 있으라고 했지만, 난 그것보다 더 오래 가지고 있어야 한다고 생각한다. 워런 버핏은 주식을 사면 10년은 바라본다는 것처럼, 비트코인도 10년은 바라봐야 한다고 본다. 어쨌든 한 가지는 분명하다. 비트코인은 장기적 관점에서 투자해야 한다. 중간에 사고팔지 않고 그냥 가지고 있어야 한다.

주식 투자를 오래 해보지 않은 사람은 장기 투자를 쉽게 생각한다. 산 다음에 그냥 가지고만 있으면 되니 그렇게 쉬운 방법이 어디 있냐는 것이다. 매일 시세를 확인하지 않아도 되고, 살까 팔까 고민하지 않아도 되고, 언제 사고파는 게 좋을지 그 타이밍을 찾느라 헤매지 않아도 된다. 단기 투자자에게는 장기 투자자는 정말 아무것도 안 하는 사람들이다. 세상 편한 게 장기 투자이다.

그런데 그 편한 장기 투자를 사람들은 잘 못한다. 처음에는 장기 투자를 하겠다고 이야기한다. 투자자들 가운데 처음부터 단타 거래를 하겠다고 나서는 이는 잘 보지 못했다. 장기 투자를 하겠다며 투자를 시작하지만, 점차 투자 기간이 짧아진다. 몇 년은 그냥 지켜보겠다며 시작하지만 곧 팔고, 이후에는 몇 개월을, 몇 주일을 본다. 그렇게 계속하다 보면 나중에는 며칠을, 하루를 본다. 장기 투자자가 되려고 투자판에 들어왔지만, 얼마 되지 않아 스윙 투자자가 되고 단기 투자자가 된다.

장기 투자를 할 수 있으려면, 그러니까 비트코인을 최소 4년 이상 보유하기 위해서는 무엇이 필요할까? 어떤 사람이 비트코인을 장기간 보유할 수 있을까?

첫째, 비트코인이 장기적으로 오른다는 확신이 있어야 한다. 이게 제일 우선이고 가장 중요하다. 장기적으로 오를 거라는 확신이 없으면 오래 가지고 있을 수 없다. 비트코인은 수시로 폭락한다. 단기간 폭락만이 아니라 장기간 폭락도 계속 벌어진다. 이런 폭락기에도 비트코인을 계속 들고 있으려면, 지금은 폭락했지만 앞으로 회복하고 오히려 더 오를 거라는 확신이 있어야 한다.

그러면 이런 확신은 어떻게 해야 얻을 수 있을까? 우선 다른 사람의 말을 듣고 얻은 확신은 확신이 아니다. 주위에서 다 장기적으로 오른다고 해서 자신도 그렇게 생각하게 되었다. 그러면서 자신도 확신이 있다고 말한다. 하지만 이건 확신이 아니다. 비트코인이 폭락하고 몇 개월만 지나면 사라질 확신이다. 자기 스스로 생각해서 얻은 확신이어야만 한다. 비트코인이 왜 장기적으로 오를 것인지에 대한 자기 나름의 이유와 논리, 근거가 있어야 한다. 그래야 폭락장이 와도 흔들리지 않는 확신이 생길 수 있다. 어려운 건 확신을 가지는 게 아니다. 자기 나름의 이유와 논리, 근거를 찾는 일이다. 이건 비단 비트코인뿐만이 아니라 주식 등 다른 모든 투자에서도 마찬가지이다. 자기가 세운 논리가 있을 때 확신을 가지고 투자할 수 있다. 그게 없으면 본인은 확신이라고 생각하지만, 사실은 주변 분위기, 다른 사람들의 말에 따라가는 것일 뿐이다. 이런 확신으로는 절대 장기간 이어지는 하락장을 버틸 수 없다.

둘째, 장기 투자를 안 하는 주된 이유 중 하나는, 단기 투자가 훨씬 더 많은 수익을 보장한다고 보기 때문이다. 사실 사람들이 장기 투자를 목표로 시작해도 단기 투자자가 되는 주된 원인이 여기에 있다. 장기 투자는 폭락해도 그냥 그대로 있어야 한다. 하지만 단기로 투자하면, 폭락하기 전에 팔고, 오르기 전에 미리 사고 하는 식으로 투자할 수 있다. 그냥 오랫동안 가지고만 있는 것보다는 비쌀 때 팔고, 쌀 때 다시 사는 식으로 하면 훨씬 더 많은 수익을 얻을 수 있지 않을까. 최고가에 팔고 최저가에 사는 식으로 완벽하게 타이밍을 맞출 필요도 없다. 조금 떨어졌지만 더 떨어지기 전에 팔고 나오고, 오르기 시작했지만 폭등하기 전에 사는 식으로만 해도 된다. 그렇게만 해도 장기 투자보다 훨씬 큰 수익을 얻을 수 있다.

하지만 장기 투자를 하려면 이런 유혹을 이겨내야 한다. 그리고 이런 유혹에 넘어가지 않기 위해서는 트레이더로서의 자신을 믿지 않아야 한다. 물론 비쌀 때 팔고 쌀 때 사면 큰 수익을 얻을 수 있다. 문제는 현실에서 이걸 할 수가 없다는 것이다. 어느 가격이 비싸고 싼지 알 수 없고, 조금 떨어졌을 때 여기서 더 떨어질지 아니면 반등해서 올라갈지도 알 수 없다. 마찬가지로 조금 올랐을 때 앞으로 계속 오를지, 이러다 폭락할지도 알 수 없다. 이것만 할 수 있으면 세계 제일의 갑부가 되는 것도 가능하다. 하지만 이런 일은 지금까지 아무도 못 해냈다. 물론 단기 매매로 이익을 보는 사람이 있기는 하다. 하지만 비트코인으로 큰 부자가 된 사람들은 대부분 장기 투자로 돈을 벌었지, 단기 매매로 번 사람은 없다. 단기 매매로 돈을 벌 수 있을지는 몰라도 부자가 될 정도의 큰돈은 못 번다.

'나는 단기적으로 싸게 사서 비싸게 파는 것은 할 수 없다'고 스스로 인정해야 한다. 그래야 단기 매매의 유혹에 빠져들지 않고 장기 투자가가 될 수 있다. 나는 부족하고 무식하고 능력이 없다고 생각해야 한다. 그래야 장기 투자가 가능하다.

나는 주식보다는 비트코인의 장기 투자가 더 쉽다고 생각한다. 주식에서도 장기 투자가 좋다고들 하는데, 사실 주식은 장기적 성장에 대해 확신을 가지기 어렵다. 한 기업이 지금까지 10년 동안 계속 좋았다. 하지만 그게 앞으로의 10년도 보장하는가? 좋은 기업이라면 가능하지 않겠느냐고 한다. 그런데 세상에서는 계속해서 더 좋은 상품이 개발되고 소개된다. 이 추세를 따라가지 못하면 아무리 좋은 기업이라도 도태된다. 그래서 주식으로 장기 투자를 할 때는 마냥 오랫동안 들고 있기만 해서는 안 된다. 주기적으로 그 기업의 상태를 확인하고, 근본적인 경쟁력에 문제가 생겼다고 판단되면 빠져나와야 한다. 워런 버핏이 최소한 10년은 가지고 있을 주식만 산다고 해서 그가 정말로 산 주식을 10년 동안 무조건 들고 있을까. 10년은 갈 거라고 예상되는 기업의 주식을 사기는 하지만, 도중에 기업이 이상해지면 그도 판다. 10년을 보고 사라는 것이지, 무조건 10년간 들고 있으라는 게 아니다.

기업의 매출, 이익, 경영진, 경쟁자, 시장 상황, 정책 환경 등은 계속해서 변한다. 아무리 장기 투자라 해도 이런 것들은 계속 지켜봐야 한다. 그러나 비트코인은 매출, 이익, 경영진 등에서 변화가 없다. 생산력, 생산량도 고정이기 때문에 고려할 게 없다. 주요 국가가 어느 날 갑자기 비트코인 금지 정책을 펴지 않을까 정도만 살피면 된다. 그래서 주식보다 비트코인의 장기 투자가 훨씬 더 쉽다. 장기 투자를 할 수만 있다면 비트코인의 효율성이 제일 좋다.

비트코인에서 큰 수익을 얻을 수 있는 방법, 지금까지 그건 장기 투자였다. 이건 앞으로도 변하지 않을 것이다. 비트코인에 투자한다면 장기 투자가 답이다. 이건 알아두자.

5장

비트코인에 대한 비관론

# 비트코인은 범죄에 활용된다?

2011년 2월, '실크로드'라는 사이트가 문을 열었다. 불법 상품을 거래하는 암시장 사이트였다. 무기, 마약, 불법 포르노 등이 거래되었는데, 주요 상품은 마약이었다. 그런데 바로 이 실크로드에서 결제 수단으로 사용된 것이 비트코인이었다. 이는 범죄와 연관되어 비트코인이 세간에 알려지게 된 첫 번째 사건이었다.

2017년 초에는 전 세계적으로 랜섬웨어ransomware 바이러스 사태가 터진다. 이 바이러스에 감염되면 컴퓨터가 기능을 멈춘다. 이때 많은 개인용 컴퓨터가 피해를 입었는데, 해커들은 몸값ransom을 주면 컴퓨터를 다시 사용할 수 있게 해주겠다면서 각 개인들에게 비트코인 한 개 정도를 요구했다. 당시 비트코인은 하나에 100만 원 정도 했다. 컴퓨터 안에 들어 있는 모든 자료를 날릴 위험에 처한 많은 사람들이 비트코인을 구해서 보냈다. 당시는 비트코인을 사람들이 쉽게 구할 수 있는 때가 아니었다. 해커는 비트코인을 어디서 어떻게 구할 수 있고, 어떻게 보낼 수 있는지 안내문도 같이 보냈다.

이런 사건들은 비트코인을 범죄와 연결 짓게 했다. 지금도 비트코인, 가상자산과 관련해서 주된 비판 근거로 제시되는 것이 범죄와의 연관성이다. 비트코인, 가상자산은 범죄에 이용된다. 그러니 비트코인을 인정할 수 없다는 논리이다.

그런데 나는 범죄에 이용되니 비트코인을 인정해서는 곤란하다는 말을 들으면 조금 당혹스럽다. 비트코인이 범죄에 이용됐던 것은 분명한 사실이다. 그러면 지금도 그런가?

2025년 현재, 어느 외국인이 한국의 인기 가수는 누구냐고 질문하는데 '소녀시대'라고 대답하면 어떨까? 소녀시대는 2010년대 초반에 최고의 인기를 누렸다. 당시 소녀시대가 최고 인기 가수였던 것은 맞다. 하지만 그 이후 시간이 많이 지났다. 지금은 한국의 인기 가수가 소녀시대라고 말하지 않는다. 혹 소녀시대라고 말하는 사람이 있다면 그는 10년 전에 시계가 멈춘 사람이다. 그 이후로 한국 가요계, 아이돌에 대해 아무 관심도 가지지 않은 사람이다.

마찬가지이다. 지금 비트코인이 범죄에 이용되니 금지되어야 한다고 주장하는 사람은 시계가 10년 전에 멈춘 이들이다. 그 이후 비트코인, 가상자산이 어떻게 변화해왔는지 알지 못하고 과거의 잣대로 현재를 판단하는 것이다.

이전에 비트코인이 범죄에 이용된 이유는 무엇일까? 비트코인이 범죄에 활용될 때 가장 큰 장점은 누가 수취인지 알아내는 것이 불가능하다는 점이다. 소위 말하는 비트코인의 익명성이다. 은행 계좌로 현금을 받으면 계좌 추적을 통해 누가 돈을 챙기는지 파악할 수 있다. 이것을 피하기 위해 대포 통장이 사용된다. 그런데 대포 통장을 구해서 사용하는 데도 엄청난 비용이 들어간다. 한국의 경우 대포 통장 이용료는 한 달에 100만 원이 훌쩍 넘는다. 그리고 장기간 사용할 수도 없다. 문제가 생기면 바로 거래 정지를 당해서 현금화가 불가능해진다. 그런데 비트코인은 거래 주소만 나올 뿐, 그 주소의 소유자가 누구인지 파악할 수 없다. 이런 익명성 때문에 비트코인은 암거래에 주로 사용되었다.

하지만 지금은 사정이 달라졌다. 물론 비트코인 거래는 이전처럼 거래 주소만으로 가능하다. 하지만 비트코인을 현금화하는 문제는 다르다. 지금은 계좌 추적을 당하지 않고 비트코인을 현금화하기가 굉장히 어렵다. 한국에서는 실명 인증을 하고, 실명 계좌와 연결되지 않으면 가상자산 거래소에서 현금화를 할 수 없다. 가상자산을 현금화할 때 누가 얼마나 출금하는지가 파악된다. 한국만이 아니라 외국에서도 마찬가지이다. 거래소 체제가 마련되고, 거래소에 대한 규제가 강화되면서 익명 거래가 불가능해졌다. 가상자산 거래만이라면 모를까, 최소한 현금화 과정에서는 정체가 드러날 수밖에 없다. 그리고 이 경우, 오히려 범죄 혐의로부터 벗어나는 것이 현금 거래보다 더 어렵다. 현금 거래는 과거에 어떻게 거래되었는지, 누구로부터 받았는지 숨길 수 있다. 하지만 블록체인에는 과거의 거래 내역이 그대로 다 남아 있다. 비트코인을 누구로부터 얼마나 이전받았는지 그 기록이 영구히 남는다. 추적당하기가 더 쉽다. 현금 출금 기록과 연결되면 오히려 범죄에 사용되었을 때 들킬 확률이 더 커지는 것이 지금의 비트코인이다.

비트코인이 범죄에 이용된다는 것은 현재 거래소 규제가 생기기 이전, 정말로 익명으로만 거래가 이루어지던 시절의 이야기이다. 계속 강화되는 규제로 인해 실명 계좌 없이는 현금화가 불가능해지면서 비트코인이 범죄에 이용되는 경우는 급격히 감소했다. 마약이나 음란물 거래에 비트코인이 사용되어 문제가 된 게 언제였는지 살펴보라. 모두 다 과거 몇 년 전에 발생한 경우이다. 법원 판결이 최근에 이루어졌다 하더라도, 법원 판결은 범죄 후 한참 시간이 지난 다음에 내려진다. 범죄자가 비트코인을 받은 것은 대부분 수년 전에 이루어졌다. 지금 범죄를 저지르면서 비트코인을 달라고 하는 경우는 없다.

2025년 현재 비트코인, 가상자산이 범죄에 이용되는 경우는 이와 같은 범죄 거래 수단보다는 주로 투자 사기와 관련된 것들이다. 돈을 투자하면 비트코인, 가상자산으로 투자금을 늘려주겠다는 사기, 원금과 수익을 보장한다며 코인을 사도록 하는 행위, 비트코인 가격의 등락을 대상으로 도박을 하는 행위 등이 주된 범죄 관련 사항이다. 그런데 이것은 비트코인이 문제여서가 아니다. 이런 사기는 언제 어디서나 있어 왔다. 이런 투자 관련 사기가 가장 많이 발생하는 곳은 주식판이다. 원금과 수익을 보장한다며 투자자를 끌어모으는 사기, 주식이 오를지 내릴지 정보를 주겠다는 업체, 돈을 투자하면 주식으로 돈을 불려주겠다는 식의 이야기는 주식시장에 항상 있었다. 이런 식의 사기는 가격이 급변하는 품목이 있으면 항상 따라붙는다. 비트코인, 가상자산이 없다고 해서 이런 사기가 사라지는 게 아니다.

또 한국에서 비트코인과 관련된 주된 범죄 중 하나는 '환치기'이다. 외국에 돈을 보내서 외국에서 비트코인을 구입한다. 그 비트코인을 한국에 들여와 한국에서 판다. 김치 프리미엄 때문에 한국의 비트코인 가격이 외국보다 더 비싼 경우가 많다. 외국에서 비트코인을 구입해 한국에 들여오면 많은 수익을 올릴 수 있다. 그런데 이런 목적으로 외국에 돈을 보내고 거래하는 것은 외환거래법 위반이 될 수 있다. 하지만 이런 환치기는 비트코인 자체의 문제라기보다는 한국의 외환 규제와 비트코인 거래 규제의 문제로 보아야 한다. 지금 한국은 해외에서 비트코인을 구입해서 바로 한국거래소로 보내는 것이 거의 막혀 있다. 국제 거래와 한국 거래가 서로 분리되어 있기 때문에 김치 프리미엄이 형성되고, 그 이익을 챙기기 위해 환치기를 한다. 어떤 품목의 수입을 금지했을 때, 외국에서 몰래 해당 물품을 수입해오는 것과 같은 경우이다. 실정법 위반의 문제이지 이를 비트코인 자체의 문제로 보는 것은 무리이다.

예전부터 인터넷상의 새로운 서비스는 처음에는 범죄에 이용되다가 시간이 흐르면서 점차 일반적인 서비스로 자리 잡아왔다. 인터넷이 상업적으로 처음 이용됐던 분야는 포르노였다. 이메일 서비스가 처음 생겼을 때는, 이메일은 불법적 홍보 매체로 이용된다고 해서 금지해야 한다는 주장이 강했다. 전자상거래는 사기꾼들의 온상이었다. 인터넷 초기에는 무엇이든지 범죄와의 관련성 때문에 비판을 받았다. 비트코인도 마찬가지로 봐야 한다. 초기에는 범죄와의 관련성이 커서 비판을 받는다. 하지만 시간이 지나면 그 관련성이 낮아지고 일반 서비스로 정착된다. 지금 비트코인을 범죄와 연결시키는 것은 비트코인의 발전과 변화 과정을 보지 못했기 때문이다.

 # 비트코인은 환경을 파괴한다?

2021년 5월 13일, 비트코인이 폭락하는 사태가 발생했다. 불과 세 시간 사이에 10%가량 폭락했다. 이때 가상자산 시장이 충격을 받은 이유는 테슬라의 CEO 일론 머스크 때문이었다. 일론 머스크는 테슬라 자동차를 비트코인으로 구매할 수 있게 하겠다고 공언한 바 있었다. 그런데 그날 그 정책을 폐기한다고 발표했다. 그가 밝힌 이유는 비트코인이 환경 문제를 일으킨다는 것이었다. 환경을 보호하는 테슬라는 환경오염을 일으키는 비트코인을 결제 수단으로 삼지 않겠다, 비트코인이 환경 파괴를 하지 않을 때 다시 고려하겠다는 발표였다. 이 발표 후 비트코인은 세 시간 사이에 10%나 하락했다.

이날 일론 머스크가 이야기한 환경 파괴 문제는 비트코인의 문제점을 이야기할 때 자주 언급되는 주제이다. 비트코인을 생산하기 위해서는 컴퓨터를 돌려야 한다. 한 대가 아니라 몇십 대, 몇백 대를 한꺼번에 돌려야 비트코인을 얻을 가능성이 커진다. 이렇게 컴퓨터를 돌리기 위해서는 전기가 필요하다. 비트코인은 엄청난 전기를 쓰면서 만들어지고 있다.

2022년 기준으로, 비트코인을 채굴하는 데 전 세계적으로 사용된 전기량은 136테라와트TWh로 추정된다. 서울에서 1년 동안 사용되는 전기량이 50테라와트 정도이다. 비트코인은 산업 생산에 도움이 되는 것도 아니고, 소비재로 사용되는 것도 아니다. 그냥 전기를 잡아먹기만 할 뿐인데, 그 규모가 서울에서 한 해 동안 사용하는 전기량의 두 배가 훨씬 넘는다.

이런 전기 소모는 환경에 악영향을 미친다고 이야기한다. 전기 생산에는 보통 석탄, 가스, 석유 등 화석 연료가 사용되는데 이때 배출되는 이산화탄소가 문제이다. 즉 비트코인을 채굴하기 위해 컴퓨터를 돌리면 그만큼 전기가 더 소비되고, 그 전기를 생산하기 위해 석탄과 석유, 가스 등이 더 사용되면 환경이 파괴된다. 결국 비트코인이 환경 파괴의 주요 원인으로 지목된다. 사람들의 실제 생활에는 아무 도움도 안 되면서 전기는 엄청나게 잡아먹는 비트코인, 화석 연료를 더 사용하게 만들어 환경오염을 유발하는 비트코인이라는 비판이다.

그런데 이상한 점이 있다. 현재 비트코인 생산국으로 유명한 나라 중 하나가 캐나다이다. 청정 지역으로 유명한 캐나다에서 비트코인이 많이 생산되고 있다. 그리고 캐나다의 가상자산 생산 기지는 캐나다 지방정부로부터 친환경 기업으로 선정된 적도 있다. 비트코인이 화석 연료의 소비를 증대시켜 환경을 파괴한다고 하는데, 왜 캐나다 지방정부는 비트코인 생산 기지가 친환경적이라고 하면서 비트코인 공장을 유치하려 할까?

현재 세계는 환경 문제 때문에 화석 연료를 사용하는 전기 생산에 비판적이다. 그 대안으로 제시되는 것이 재생에너지를 이용한 전기 생산이다. 재생에너지인 풍력, 수력, 태양열을 이용해서 전기를 생산하면 이산화탄소 등의 부산물이 나오지 않는다. 화석 연료에 대한 비판은 그 대안으로 풍력, 수력, 태양열의 이용을 제안한다.

그런데 풍력, 수력, 태양열을 이용할 때 가장 큰 문제가 채산성이 맞지 않는다는 점이다. 태양열 발전의 경우에는 햇볕이 내리쬐는 낮에는 문제가 없다. 그런데 밤에는 전기가 생산되지 않는다. 그래서 태양열을 사용할 때는, 태양이 없는 밤에 돌려야 하는 발전소를 따로 지어야 한다. 낮에 운영할 태양열 발전소와 밤에 운영할 화석 연료 발전소를 모두 세워야 하니 채산성이 맞을 리 없다.

풍력도 마찬가지이다. 바람이 불 때는 전기가 생산되는데 바람이 안 불면 생산이 안 된다. 하지만 현대 문명은 하루 24시간 내내 전기를 필요로 한다. 풍력 발전도 바람이 안 불 때를 대비한 발전소가 필요하다. 태양열과 풍력은 그 이외의 다른 전력 생산 장치를 필요로 하기 때문에 화력발전소를 완전히 대체할 수 없다.

그래서 재생에너지 중에서 가장 발전 가능성이 높고 활용도가 높은 것이 수력 발전이다. 물은 밤이나 낮이나 계속해서 흐른다. 전기도 밤낮 계속해서 생산할 수 있다. 태양열, 풍력처럼 별도의 발전소를 만들지 않아도 된다.

그런데 수력 발전에도 문제점이 있다. 물은 밤낮 똑같이 흐르니 전기도 밤이나 낮이나 똑같이 생산된다. 그런데 사람들은 낮에는 전기를 많이 사용하지만, 밤에는 전기를 많이 사용하지 않는다. 잠들기 전까지는 전기를 사용하지만, 늦은 밤부터 아침까지는 전기 사용량이 크게 감소한다. 수력발전소는 전기를 팔아서 수익을 챙긴다. 그런데 밤에 생산되는 전기는 그냥 버려진다. 그리고 이 점이 수력 발전의 채산성에 문제가 된다. 수력발전소를 짓기 위해서는 큰 비용이 든다. 생산된 전기를 24시간 모두 판매할 수 있으면 채산성을 맞출 수 있다. 그런데 밤에는 전기를 판매할 수 없다. 하루 24시간 계속 돌아가는 발전소를 만들어놨는데 낮에만 수익이 나니 채산성이 맞지 않는다. 석탄 발전의 경우에는 투입되는 석탄량을 줄여서 비용을 줄일 수 있다. 하지만 수력 발전에서는 물의 양을 인위적으로 조절할 수 없고, 설사 그렇게 한다고 해서 전체 비용이 감소하지도 않는다. 근처에 하루 24시간 돌아가는 공장이 있으면 밤에도 계속 전기를 판매할 수 있다. 그런데 수력발전소는 보통 비도심 지역, 산림 지역에 있다. 24시간 돌아가는 공장은 수력발전소 부근에 잘 없다. 근로자들이 이런 지역까지 와서 일하려 하지 않는다.

이 문제의 해결 방안으로 대두된 것이 비트코인 공장, 가상자산 공장이다. 비트코인 공장은 많은 인력을 필요로 하지 않는다. 그 대신 전기 가격이 싼 지역을 원한다. 수력발전소 부근에 얼마든지 비트코인 공장이 들어설 수 있다. 비트코인 공장은 24시간 돌아간다. 수력발전소에서 야간에 생산되는 전기를 사용할 수 있다. 수력발전소는 이제 밤에 생산하는 전기로도 수익을 챙길 수 있게 되었다. 비트코인 공장은 수력발전소가 운영되고 확대되는 데 절대적인 기여를 할 수 있다.

현재 비트코인 보유량으로 유명한 국가 중 하나가 부탄인데, 이 역시 수력 발전 덕분이다. 부탄은 수자원이 풍부해서 수력발전소를 많이 건설했는데, 밤에 생산된 전기가 버려진다는 게 문제였다. 그래서 전략적으로 비트코인 공장을 유치했고, 밤에도 전기료를 계속 받을 수 있어 수력발전소의 채산성 문제를 해결할 수 있었다.

비트코인을 생산하기 위해서 기존에 우리가 사용하던 전기를 빼간다거나, 석탄 등 화석 연료를 더 사용하는 경우에는 문제가 될 수 있다. 이렇게 전기를 사용할 경우 전기료가 비싸진다. 전기료를 부담해야 하는 비트코인 생산업자도 그런 건 원하지 않는다. 하지만 전력 생산 시스템에서는 버려지는 전기가 많다. 이 버려지는 전기를 이용하면 발전소도, 비트코인 생산자도 모두 이득이다. 재생에너지 사업에서 비트코인 생산 기지는 큰 기여를 하고 있다. 아직도 석탄 발전에 의지하고 있는 일부 국가에서나 비트코인 생산이 문제되는 것이지, 세계 전체적으로나, 향후 미래에는 비트코인 생산이 오히려 환경 개선에 더 기여할 것으로 예상된다.

양자컴퓨터가 나오면 비트코인은 망한다?

비트코인에 대한 대표적인 비관론 중 하나는 양자컴퓨터의 출현이다. 양자컴퓨터가 개발되면 비트코인은 아무 쓸모가 없게 된다는 것이다. 비트코인은 비트코인 지갑에 들어 있는데, 이 지갑은 암호를 통해서만 접근 가능하다. 그런데 양자컴퓨터는 이 암호를 금방 풀 수 있다. 물론 현재 암호 기술로는 풀지 못한다. 그래서 비트코인이 안전하다는 것이다. 하지만 양자컴퓨터가 비트코인의 암호를 풀면 해커들이 비트코인 계좌에서 마음대로 비트코인을 꺼낼 수 있다. 해커가 쉽게 접근할 수 있는 시스템은 존속할 수 없다. 그때가 되면 분명 비트코인은 신뢰성을 잃고 사라지게 될 것이다.

나는 지금 비트코인을 가지고 있다. 양자컴퓨터가 개발되었을 때, 내 비트코인은 쉽게 도난당할 수 있다. 그러면 난 양자컴퓨터가 두려워서 비트코인을 다 팔아버려야 할까? 지금은 아니더라도, 양자 컴퓨터에 대한 뉴스를 계속 체크하면서 그것이 상용화되었다는 기사가 나오면 바로 비트코인에서 발을 뺄 준비를 해야 할까?

난 양자컴퓨터와 관련해서 아무 걱정도 하지 않는다. 비트코인을 숭배해서가 아니다. 비트코인에 대한 미국의 태도나 비트코인 생산 및 수요에 대한 정보는 계속 살펴본다. 하지만 양자컴퓨터는 아니다.

나는 문과생이다. 컴퓨터 프로그램에 대해서는 아는 게 없고, 컴퓨터 암호 시스템에 대해서는 더더욱 모른다. 하지만 한 가지는 알고 있다. 현재 컴퓨터 시스템의 암호 체계 중에서 비트코인 암호가 가장 강력하다는 사실이다. 현재 정보통신 네트워크에서 가장 보안성이 높은 것이 비트코인 암호이다.

비트코인 암호 체계가 가장 강력한 이유는 별것 아니다. 우리가 네이버나 구글, 기타 다른 인터넷 사이트에서 사용하는 암호는 몇 자리인가? 대부분 6~10자리이다. 돈을 맡기고 거래하는 은행, 증권회사의 암호는 몇 자리인가? 마찬가지로 6~10자리이다. 보안이 철저한 곳은 영어 대문자와 소문자를 구분하기도 하고, 숫자와 특수문자를 포함해서 암호를 정하게 한다. 그러나 어쨌든 현재 사람들이 사용하는 암호는 거의 다 6~10자리이다.

그런데 비트코인의 비밀번호는 몇 자리인가? 비트코인 개인키는 32바이트로 주어진다. 영어 대문자, 소문자를 구분하고 숫자도 포함하면서 30자리가 넘는다. 비트코인 암호를 잊어버린 사람들이 영영 비트코인을 찾지 못하는 이유도 이 엄청난 비밀번호의 길이에 있다. 수많은 해커가 정부나 기업의 보안 시스템은 뚫고 들어가도 비트코인 암호만은 풀지 못하는 것도 이 때문이다. 10자리 암호는 알아낼 수 있어도, 30자리가 넘는 암호는 알아낼 수가 없다.

만약 비트코인 암호 시스템을 뚫는 해커가 나온다면 그는 전 세계적으로 유명세를 탈 것이다. 비트코인 암호를 뚫었다는 사실만으로도 세계적인 해커로 이름을 날릴 수 있다. 물론 경찰의 수배를 받고 감옥에 갈 수 있겠지만, 해커들의 세계에서 그런 건 중요하지 않다. 세계 1위의 기술을 가졌다는 명성이 더 중요하다. 그리고 미국 같은 나라에서는 그런 해커를 잡더라도, 범죄를 저질렀다고 그냥 감옥에 가둬두지 않는다. 오히려 정부에 도움이 되는 일을 하도록 거래를 한다. 세계적인 해커는 경찰에 잡히더라도 사실 큰 문제가 없다.

비트코인은 초창기부터 암호 체계가 우수하다는 평가를 받았다. 비트코인 암호를 뚫고 들어가면 해커로서 이름을 날릴 수 있다. 그래서 세계적인 해커들이 비트코인 시스템을 뚫으려고 계속해서 노력해왔다. 다른 시스템은 이렇게 집요한 공격을 받으면 결국 뚫렸다. 하지만 비트코인은 끝까지 뚫리지 않았다. 비트코인이 신뢰성 있는 시스템이라고 인정받은 것은 이렇게 해커들의 수많은 공격에도 살아남았기 때문이다.

양자컴퓨터가 개발되면 비트코인 암호 체계가 뚫린다고 한다. 그건 그럴 수 있다. 양자컴퓨터는 기존 슈퍼컴퓨터보다도 계산 능력이 월등히 뛰어나니 30자리가 넘는 암호도 풀어낼 수 있을 것이다. 그런데 30자리가 넘는 암호가 뚫린다면, 6~10자리 암호는 그보다 훨씬 일찍 뚫린다. 지금 우리들이 쓰고 있는 인터넷 사이트, 금융기관, 증권회사, 정부의 개인정보 시스템이 모두 다 뚫린다. 그 모든 것이 다 뚫린 다음에, 마지막에 비트코인 암호가 뚫릴 것이다.

나는 사람들이 양자컴퓨터가 개발되면 비트코인이 어떻게 될지 걱정하는 걸 이해하기 힘들다. 양자컴퓨터가 개발되면 비트코인 이전에 내 은행 통장이, 내 모든 SNS 계정이 먼저 뚫린다. 비밀번호가 6~10자리밖에 안 되는 은행과 증권회사에 들어 있는 내 돈이 과연 안전할까를 먼저 걱정해야 하는 것 아닌가. 그런 건 걱정하지 않고 가장 마지막에 뚫릴 비트코인을 걱정하고 있다.

그런데 사실 양자컴퓨터에 대해 그리 걱정할 필요는 없다. 양자컴퓨터가 개발되면, 가장 먼저 은행과 증권회사에서 양자컴퓨터도 뚫지 못하는 새로운 암호체계를 구축할 것이다. 지금의 6~10자리 암호보다 훨씬 복잡하거나, 운영 방식이 다른 암호를 만들어낼 것이다. 만약 그런 암호를 개발하는 게 정말로 불가능하다면? 그러면 정부는 양자컴퓨터의 사용을 금지할 것이다. 아무리 기술 개발이 좋다고 해도, 현재 세상에 존재하는 은행, 증권, 보험 등의 모든 금융기관과 공존할 수 없는 기술이라면 받아들일 수 없다. 그게 정부의 대응 방식이다.

양자컴퓨터가 정말로 활용될 것 같으면, 먼저 네이버, 인스타그램, 유튜브 등의 사이트에서 양자컴퓨터에 버틸 수 있는 암호 시스템을 개발할 것이다. 또한 은행, 증권, 보험회사 등 금융기관에서도 새로운 암호 시스템을 구축할 것이다. 양자컴퓨터가 실용화되기 전에 양자컴퓨터에 버틸 수 있는 새로운 암호 시스템이 만들어질 것이고, 비트코인 생태계도 이 새로운 암호 시스템을 도입할 것이다. 그리고 지금 비트코인이 세상의 모든 암호 체계보다 보안성이 더 뛰어나듯이, 그때도 세상의 다른 암호 체계보다 훨씬 더 강력한 시스템을 구축할 것이다.

은행, 금융기관은 암호 시스템을 변경할 수 있지만 비트코인은 그럴 수 없다고는 하지 말자. 사실상 비트코인 시스템의 기반을 구성하고 있는 건 투자자나 채굴자가 아니다. 컴퓨터 암호 전문가들이다. 비트코인은 처음부터 세계적으로 이름을 날리는 컴퓨터 암호 전문가들이 만든 시스템이고, 이들이 시스템을 유지해가고 있다. 양자컴퓨터의 상용화로 비트코인 암호가 깨질 수 있게 되면, 그때는 이들이 힘을 합쳐 새로운 암호 구조, 훨씬 더 좋은 암호 체계를 만들어낼 것이다.

어쨌든 우리는 양자컴퓨터 개발로 비트코인이 망하지 않을까 걱정할 필요는 없다. 그래도 걱정이 된다면, 오히려 내 은행 계좌를 먼저 살펴야 할 것이다.

# 비트코인은 튤립 버블과 닷컴 버블의 길을 갈 것이다?

비트코인의 가격이 버블이라고 비판하면서 자주 드는 예시가 네덜란드 튤립 버블이다. 네덜란드 튤립 버블은 합리적이지 않은 투기로 인해 가격이 비이성적으로 오르다 결국 폭락해서 투기꾼들이 엄청난 피해를 입은 사례로 유명하다. 투기의 문제점, 버블의 최후를 이야기하는 사례로 항상 언급된다.

네덜란드의 튤립 버블은 17세기에 발생했다. 16세기 후반부터 오스만 제국에서 들여온 튤립이 네덜란드에서 큰 인기를 끌었다. 1630년대에 이 인기가 절정에 달하며 가격이 급등하기 시작했다. 특히 모자이크 바이러스 감염으로 얼룩 줄무늬가 생긴 튤립은 희귀하고 아름다워 매우 높은 가격이 형성되었다.

튤립의 구근球根 가격이 상승하면서 투기가 발생했다. 가격이 오르자 너도나도 사놓으려 했고, 그 가격은 폭등한다. 보통 사람의 1년 수입이 300플로린florin이던 시절에 튤립 구근 하나가 3000플로린을 넘었다. 현재 가치로 1억 원이 훨씬 넘는 가격에 거래된 것이다.

이렇게 비싸게 거래되던 튤립 구근은 어느 순간부터 구매자가 사라지게 된다. 사려는 사람이 없어지면서 가격은 폭락한다. 얼마 안 되어 원래 가격으로 돌아갔고, 튤립 구근에 투자했던 사람들은 엄청난 손해를 보게 된다.

튤립이 아무리 인기 있다 해도, 뿌리 하나에 1억 원이 넘는다는 것은 분명 너무하다. 이런 가격에 튤립 구근을 구매한 사람은 비이성적으로 투기한 것이다. 아무리 지금 괜찮아 보인다 해도 버블은 결국 터지게 되어 있고, 투기꾼들은 큰 손해를 본다.

비트코인을 비판하면서 튤립 버블 사태를 언급하는 사람은 비트코인 투자나 튤립 투기나 별다를 게 없다고 생각하는 것이다. 튤립 구근은 아무리 생각해봐도 몇천만 원, 몇억 원의 가치가 있다고 인정하기 힘들다. 그런데 비이성적인 투기 열풍 때문에 가격이 억대까지 오른 것이다. 비트코인도 아무런 가치가 없어 보인다. 그런데도 가격이 오르는 것은 튤립 투기보다 더 비이성적인 투기이다. 비트코인 가격은 버블일 수밖에 없고, 결국 튤립 투기가 폭락으로 끝을 맺었듯이, 비트코인 투기도 폭락으로 마무리될 것이다.

그런데 내가 보기에 튤립과 비트코인 사이에는 분명한 차이점이 하나 있다. 튤립은 공급량이 계속 증가할 수 있다. 하지만 비트코인은 고정되어 있다. 투기 상황에서 이 점은 엄청난 차이를 낳는다.

튤립의 인기가 올라가서 가격이 올라간다고 하자. 이때 튤립 공급자는 상품을 더 공급하면 큰돈을 벌 수 있다. 하지만 그렇게 마음먹는다고 해서 튤립을 바로 더 생산할 수 있는 것은 아니다. 알다시피 튤립은 식물이다. 식물을 키우는 데는 절대적인 시간이 필요하다. 사람이 노력한다고 해서 그 기간을 줄일 수 있는 게 아니다. 튤립 수요가 증가하고 가격이 오르지만 공급량은 늘어날 수 없다. 가격이 급하게 많이 오르면 투기가 시작된다. 수요가 증가하지만 튤립 공급은 없다. 가격은 더 오르게 된다.

하지만 시간이 지나면 결국 튤립 구근의 공급량은 늘어난다. 튤립의 높은 가격을 보고 더 많은 사람이 튤립을 재배하게 되고, 더 많은 튤립 구근이 생산된다. 수요가 아무리 많더라도 공급이 더 많으면 가격은 떨어진다. 튤립 투기는 처음부터 한계가 있는 것이었다. 튤립 공급이 크게 증가하면 더 이상의 가격 상승은 불가능하다.

어떤 버블이든 오래가지 못하는 이유는 바로 이 공급 측면 때문이다. 공급이 되지 않으면 투기는 계속될 수 있다. 하지만 공급이 증가하면 버블은 꺼진다. 투기 상황에서는 단순히 가격의 움직임만 봐서는 안 된다. 공급량에 변화가 생기는지를 봐야 한다. 그리고 대부분의 상품은 가격이 오르면 공급량이 증가한다. 지금 당장은 아니더라도 장기적으로는 증가한다. 높은 가격을 보고 많은 사람들이 생산에 뛰어들기 때문이다.

비트코인의 가장 큰 특징은 공급량이 2100만 개로 고정되어 있다는 점이다. 공급량이 증가하는 튤립과 고정되어 있는 비트코인은 완전히 그 성질이 다르다. 최소한 튤립 투기를 가지고 비트코인의 미래를 판단해서는 안 되는 이유이다.

튤립 버블과 함께 거론되는 또 하나의 대표적 버블로는 닷컴 버블*이 있다. 닷컴 버블은 당시 인터넷이 본격적으로 도입되면서 인터넷, IT라는 이름만 들어가도 주가가 폭등해서 발생했다. 한국만이 아니라 전 세계적으로 발생한 버블이었다. 당시 인터넷 전화 업체였던 새롬기술은 1999년 8월 상장했는데 6개월 만에 주가가 150배나 올랐다. 한메일 서비스를 제공해서 유명해진 다음은 36배가 올랐고, 인터넷 광고 업체인 골드뱅크도 800원 하던 주가가 8개월 만에 31만 원대까지 올라갔다. 그리고 2000년 인터넷 버블이 꺼지면서 이 주식들은 폭락한다. 30만 원이 넘던 골드뱅크의 주가는 1400원 이하로 떨어지고, 새롬기술도 2000년 중반 30만 원이 넘던 주가가 12월에 5000원대가 된다. 인터넷 벤처 기업들의 주가는 대부분 10분의 1 수준으로 폭락했다.

난 2000년의 인터넷 주가 폭등이 버블이었다는 것을 인정한다. 하지만 이 사례를 가지고 비트코인을 설명하는 것도 맞지 않다. 인터넷 벤처 기업들 역시 비트코인과는 그 성격이 완전히 다르다.

2000년 인터넷 벤처 기업들의 주가는 적정 가치보다 월등히 높았다. 그러니 2000년 주가 폭등은 분명히 버블이 맞다. 그런데 그

---

* 미국을 비롯한 세계 여러 국가에서는 1995년부터 2001년 사이에, 한국에서는 1999년부터 2000년 사이에 발생했다.

적정 가치는 어떻게 산정되는가. 회사의 정확하고 객관적인 가치를 산정하는 것은 어렵지만, 대강 어느 정도 수준이어야 한다는 것은 파악할 수 있다.

회사에 특별한 사정이 없는 한, 가치 투자에서 중요하게 보는 지표인 PER가 10~30 수준이면 적당하다. 크게 성장하고 있는 회사라면 50~70도 인정할 수 있다. 하지만 PER가 몇백이 넘어간다면 이건 분명히 문제가 있는 것이다. 흑자 회사의 주가가 높은 건 이해할 수 있지만, 적자 회사가 높다면 그건 이상하다. 회사의 시가가 매출액의 몇 배 이상이라면 버블의 가능성이 높다. 매출액 대비 이익률이 낮은데도 주가가 높다면 이 역시 버블의 가능성이 있다. 이런 식으로 가치 투자 입장에서 버블 여부를 판단하는 것은 그리 어렵지 않다.

이런 기준에서 볼 때 2000년 인터넷 벤처 기업들의 주가 폭등은 분명 버블이었다. 이때 인터넷 회사 중에서 이익을 내는 곳은 없었다. 매출을 내는 회사도 거의 없었다. 매출도 없고, 이익도 없는데 주가가 몇십 배 폭등했다. 이건 버블이다. 회사 가치를 평가하는 어떤 기준으로도 주가 상승을 설명할 수 없다. 그런 상황에서 너도나도 닷컴 투자에 달려들었으니 사회 전체가 광기에 휘둘린 것이 맞다.

그렇다면 비트코인의 가치는 어떨까? 매출, 이익 등이 있다면 진정한 가치를 구할 수 있다. 하지만 비트코인은 매출, 이익 등이 없다. 즉 회사의 가치를 측정하는 모든 지표가 비트코인에는 적용되지 않는다. 가치 투자를 주장하는 사람들은 PER, PBR, ROE 등의 지표를 근거로 비트코인에는 아무 가치가 없다고 말한다. 하지만 매출, 이익이 없는 비트코인에 이런 지표를 들이미는 것 자체가 오류이다.

매출, 이익이 없는 자산에는 별도의 측정법을 적용해야 한다. 이 세상에는 매출, 이익이 없는데도 가치가 산정되는 상품이 굉장히 많다. 가장 대표적인 예가 예술 작품이다. 예술품을 집에 걸어놓는다고 해서 매출과 이익이 발생하지 않는다. 하지만 예술품에는 높은 가격이 매겨진다. 옛 우표나 화폐 등 수집품도 마찬가지이다. 이런 물건들을 평가할 때 PER, PBR, ROE의 수치를 들이밀지는 않는다. 이익이 없으니 가치가 없다고도 하지 않는다. 이런 상품의 가치는 객관적으로 측정되지 않는다. 당사자들이 소중하다고 생각하면 높은 가격이 형성된다. 그래서 아무리 가격이 높아도 버블이니 어쩌니 하는 이야기가 나오지 않는다.

비트코인은 기업이 아니다. 매출이나 이익이 나오는 대상이 아니다. 그런데 자꾸 매출, 이익이 나오는 자산과 비교하면서 버블이라 한다. 하지만 이건 전혀 다른 이야기이다. 튤립 버블, 닷컴 버블을 가지고 비트코인 투자자에게 교훈을 주려 해서는 안 된다.

성능이 더 좋은 가상자산이 나오면 비트코인은 대체된다?

비트코인은 단점이 많다. 일단 처리 속도가 느리다. 비트코인은 약 10분에 한 개의 새로운 블록을 만든다. 그런데 이렇게 새로 만들어지는 블록 하나로 처리할 수 있는 거래 수는 약 2000개 내외 정도이다. 초당으로 환산하면, 1초에 3~4건이고 최대 7건 정도의 거래만 이루어진다.

전 세계에서 몇천만 명이 사용하는 네트워크가 1초에 3~7개 정도의 거래만 처리할 수 있다는 건 심각한 문제이다. 비자Visa 카드는 1초에 약 2000개의 거래를 처리할 수 있다. 이 정도는 처리할 수 있어야 세계적으로 널리 쓰일 수 있다. 1초에 3~7개만 처리 가능한 비트코인은 절대 비자 카드, 마스터Master 카드의 결제 시스템을 따라잡을 수 없다.

이런 비트코인의 문제점을 해결하기 위해 그 이후에 개발되는 가상자산들은 거래 속도를 크게 높였다. 이더리움은 1초에 15~30개를 처리할 수 있어, 비트코인보다 다섯 배 이상 빠르다. 솔라나의 경우에는 1초에 몇천 개를 처리할 수 있어 비자 카드, 마스터 카드보다도 낫다.

거래 속도만이 아니라, 지금 새로 개발되는 가상자산들은 비트코인보다 성능이 우수하다. 무엇보다 비트코인은 15년 전 블록체인 1세대 기술로 만들어진 것이다. IT 발전 속도를 고려하면 15년 전 기술은 그야말로 골동품 수준이다. 그렇다면 비트코인은 묻힐 가능성이 크지 않을까? 새로운 가상자산이 비트코인을 대체할 가능성이 항상 존재하는 것 아닐까?

기술적 측면에서 보면 그 말이 맞다. 그래서 수많은 기술자가 비트코인을 꺾으려는 욕망으로 새로운 가상자산을 개발하고 있다. 하지만 경영학의 마케팅 측면에서 보면 그렇지 않다. 아무리 비트코인보다 더 나은 가상자산을 만들어낸다 해도, 비트코인을 넘어서고 대체하기는 힘들 것이다.

마케팅에는 '포지셔닝positioning'이라는 유명한 이론이 있다. 알 리스Al Ries와 잭 트라우트Jack Trout가 1980년대에 제시한 개념이다. 포지셔닝 이론에서는 마케팅에서 가장 중요한 것은 제품 그 자체보다 고객의 마음속에 심어진 이미지라고 본다. 그리고 한번 심어진 이미지는 쉽게 변하지 않는다. 거의 고정적이다.

고급차의 상징은 벤츠이다. 가장 좋은 차가 무엇이냐고 물을 때

많은 이들이 벤츠를 떠올린다. 벤츠를 좋아하지 않고 BMW 등 다른 차를 좋아하는 사람이라 하더라도 벤츠가 고급차라는 건 부정하지 않는다. 벤츠를 타는 사람은 여유 있고 잘사는 사람이라고 생각한다.

그런데 정말로 벤츠가 가장 좋은 차일까? 벤츠보다 더 성능이 좋은 차, 더 고급스러운 차는 얼마든지 있다. 그럼에도 불구하고 사람들은 고급차 하면 벤츠를 떠올리고, 사고 싶어 한다. 이것이 포지셔닝 효과이다.

'콜라'라고 하면 누구나 코카콜라를 떠올린다. 코카콜라보다 더 맛있는 콜라는 많다. 펩시콜라와 코카콜라를 눈을 가리고 시음하게 하면, 펩시콜라가 더 맛있다고 응답하는 사람이 더 많다. 맛으로만 따지면 펩시콜라가 더 위다. 펩시만이 아니라, 그동안 전 세계에서 코카콜라를 꺾기 위해 수많은 콜라가 출시되었다. 코카콜라보다 더 맛있고, 더 톡 쏘고, 더 향기로운 콜라는 많이 출시되었다. 당장 우리나라만 해도 해태콜라, 815콜라 등이 출시되었다. 이 콜라들은 코카콜라보다 뭔가 더 나은 제품들이었다. 새로 제품을 출시할 때는 기존 제품보다 무엇 하나라도 더 좋게 개선해서 내놓는 법이다. 그러나 그런 전 세계적인 노력에도 불구하고 사람들에게 콜라는 여전히 코카콜라이다. 이건 코카콜라의 품질 때문이 아니다. 포지셔닝 효과 때문이다. 사람들의 마음속에 딱 박혀 있다. 이걸 바꾸기는 정말 쉽지 않다.

우리는 가상자산 하면 뭐가 가장 먼저 떠오를까? 비트코인 말고 다른 걸 떠올리는 사람도 몇몇 있을 것이다. 하지만 대부분은 비트코인을 떠올린다. 비트코인이 뭔지 몰라도, 그 작동 방식이 어떻게 되는지, 또 생산량이 얼마나 되는지는 몰라도, 그래도 비트코인을 떠올린다. 사람들 마음속에 가상자산 하면 비트코인, 비트코인 하면 가상자산으로 완전히 자리를 잡고 있다.

이런 경우에는 후속 가상자산들이 비트코인을 넘어서려고 해서는 안 된다. 비트코인을 무너뜨리고 자기가 1위가 되려는 노력은 마케팅 차원에서는 쓸모없는 것으로 본다. 아무리 힘을 써도 무너뜨리는 건 어렵다. 그 대신 틈새시장을 찾아 2위 전략을 추구해야 한다. 비트코인이 제시하지 못하는 다른 개념을 찾고, 거기에 초점을 맞추는 것이다.

이더리움은 비트코인을 넘어서려 하지 않는다. 이더리움의 목적은 비트코인이 하지 못하는 가상자산 플랫폼 역할을 제공하는 것이다. 테더는 비트코인을 대체하려는 게 아니다. 비트코인과 다르게 달러와 연결된 코인 서비스를 추구한다. 리플은 금융기관 간의 거래에 도움을 주는 게 목적이다. 이렇듯 현재 유명한 코인들은 비트코인이 제공하지 못하는 다른 서비스를 선점하는 게 목적이다. 대체가 아니다. 이게 바로 포지셔닝 이론에서 이야기하는 후발자들의 전략이다. 선도자가 사람들의 마음속에 완전히 자리를 잡았다면, 후발자들은 선도자를 넘어서려 하기보다는 선도자가 제시하지 못하는 새로운 이미지를 개발해야 한다. 그리고 그 이미지에서 새로운 포지셔닝 전략을 세워야 한다. 지금 사람들은 가상자산 하면 비트코인을 떠올리지만, 금융거래에서의 코인은 리플을 먼저 떠올린다. 금융

거래와 관련해서는 리플이 새로운 포지셔닝을 구축한 것이다.

기술적으로는 비트코인보다 더 나은 코인이 나올 수 있다. 하지만 현재 전 세계 사람들의 마음속에는 비트코인의 이미지가 박혀 있다. 포지셔닝이 완벽하게 된 것이다. 이러면 비트코인을 넘어서는 코인은 나오기 힘들다. 아무리 비트코인보다 사용하기 편리하고 기술적으로 더 뛰어나고 멋있다 해도, 여전히 사람들은 비트코인을 찾게 된다. 이게 포지셔닝의 힘이다.

물론 포지셔닝이 영원불변인 것은 아니다. 포지셔닝도 망가질 수 있다. 포지셔닝이 사라지는 가장 큰 이유는 기업이 매출 증대를 위해서 해당 제품의 이름을 남용하는 경우이다. 벤츠는 고급차로 포지셔닝되어 있다. 하지만 벤츠가 수익을 올리기 위해 자전거, 킥보드 등 여러 상품에 벤츠의 이름을 갖다 붙이면 고급차로서의 포지셔닝이 점차 사람들 마음에서 희석되어 간다. 고급 보석으로 포지셔닝되어 있던 티파니가 그 명성을 잃을 뻔한 적이 있었는데, 청소년들이 주로 사용할 법한 싼 실버 제품을 티파니 이름으로 출시했을 때이다. 이미지에 안 맞는 상품에 이름을 갖다 붙이면 포지셔닝이 파괴될 수 있다.

그런데 비트코인은 그런 위험도 없다. 비트코인은 어느 한 회사의 제품이 아니라서, 비트코인의 이름을 여기저기 다양한 상품에 붙일 수 없다. 비트코인은 그냥 가상자산 하나에만 붙은 이름이다. 다른 곳에 사용될 가능성이 없다. 이 경우 사람들의 마음속에 박히는 포지셔닝 이미지는 더욱 강력해진다.

그래서 다른 가상자산이 더 인기를 얻어 비트코인을 대체할 거라는 걱정은 하지 않아도 된다. 설사 그런 일이 이루어지더라도 그건 절대 단기적으로는 안 된다. 사람들의 마음속에 들어 있는 이미지를 바꾸는 일이기 때문에 굉장히 오랜 시간이 걸린다. 보통은 기존 사람들의 이미지가 바뀌는 게 아니라, 새로운 제품으로 새롭게 포지셔닝된 아이들이 자라나 세대교체가 될 때 그런 변화가 일어난다. 못해도 10년 이상은 걸리는 일이다. 그사이에는 비트코인의 포지셔닝에 변화가 없을 것이다. 포지셔닝 이론에서는 그렇게 본다.

비트코인의 가격은 언젠가 0에 수렴할 것이다?

경제학자 유진 파마는 보통 사람은 잘 모르지만, 경제·경영 학계에서는 굉장히 유명한 사람이다. 모든 금융 교과서에서 거론되는 '효율적 시장가설'을 정립한 학자로, 2013년 노벨 경제학상을 받았다. 유진 파마는 비트코인에 굉장히 부정적이고, 그 가치가 0으로 떨어질 거라고 예측한다. 그가 보기에 비트코인은 실질 가치가 없고 안정적이지 않다. 공급이 고정된 상태에서 수요가 변동되면 가격이 크게 출렁이게 되는데, 이러면 화폐로서 기능할 수 없다고 본다. 교환 매체로서 살아남을 수 없고, 따라서 비트코인은 붕괴되고 가치가 없어질 거라고 예측한다.

유진 파마는 화폐금융론자이다. 앞에서도 언급했지만, 정책 수단으로 화폐를 중시하는 사람들은 비트코인에 대해 부정적일 수밖에 없다. 그들은 화폐 공급을 조절해서 국가 경제에 영향을 미칠 수 있다고 보는데, 공급 조절이 불가능한 비트코인은 이들에게 악몽과도 같은 존재이다. 그래서 화폐금융론자들은 비트코인에 부정적일 수밖에 없다. 그런데 내가 유진 파마의 말에 공감하는 건 있다. 바로 언젠가는 비트코인 가격이 0원이 될 것이라는 점이다. 분명 언젠가는 비트코인은 아무 가치도 없게 될 것이다.

비트코인은 굉장히 많은 요소가 맞물려서 지금 여기까지 왔다. 블록체인이라는 신기술이 만들어지고, 해커들의 해킹에 뚫리지 않는 보안성을 갖추었다. 암호 프로그램과 관련된 핵심 코어 그룹들의 지지를 받게 되었고, 그게 어쩌다 보니 일반인들에게까지 퍼지는 캐즘chasm*의 영역을 넘어섰다. 일반인만이 아니라 투자자들도 관심을 가지게 되었고, 정부는 비트코인에 대해 강력히 대처하지 않았다. 강력히 대처한 정부도 있었지만, 세계 주요국 정부들은 비트코인을 인정하거나 아니면 내버려두었다. 비트코인은 그 모든 요인이 맞물려서 지금에 이른 것이다. 이 중 하나라도 어긋났다면 현재의 비트코인은 없었다.

그래서 비트코인은 불안정하다. 이미 15년 동안 무수한 시련을

---

* 보통 우수한 신기술이나 신상품이 개발되면 소수 얼리어답터들 사이에서 유행을 탄다. 그런데 대부분의 신상품은 이 얼리어답터층을 벗어나지 못한다. 어쩌다 소수의 상품이 그 한계를 넘어서서 일반인들에게까지 퍼지게 된다. 그 간극을 '캐즘'이라고 한다. 캐즘을 넘어서면 일반인들이 널리 사용하는 단계로 갈 수 있고, 캐즘을 넘지 못하면 소수 마니아층만이 사용하는 상품이 된다.

겪고도 살아남았으니 앞으로도 충분히 살아남을 수 있다고 생각하는 이들도 있지만, 사실 15년이라는 시간은 경제 현상 차원에서는 굉장히 짧은 기간이다. 역사와 전통, 앞으로도 계속 생존할 수 있다는 경로의존성을 이야기할 단계가 아니다. 어느 순간 천재적인 해커가 비트코인 블록체인을 해킹하는 데 성공하면 한순간에 비트코인 생태계는 무너질 수 있다. 비트코인 채굴자들이 50% 넘게 모여 담합하는 일이 발생하면 비트코인의 신뢰도는 하루아침에 사라질 것이다. 미국 정부 입장이 어느 날 갑자기 적대적으로 바뀌어 비트코인의 소유와 거래를 금지한다면 그 미래는 암담해질 것이다. 또한, 장기적으로 계속 우상향하지 않고 장기적 하락 추세가 되거나, 제자리걸음만 계속하게 되더라도 많은 투자자가 떠날 것이다.

사실 비트코인의 미래가 어떨지는 아무도 모른다. 비트코인만이 아니라 경제 현상에 대해서도 아무도 모른다. 경제학에서는 분명히 미래는 예측할 수 없다고 이야기한다. 앞에서 이야기한 유진 파마는 효율적 시장가설로 노벨상을 탔다고 했는데, 효율적 시장가설의 결론도 이것이다. "미래의 주식 가격이 어떻게 될지는 예측할 수 없다."

하지만 어쨌든 비트코인과 관련해서 한 가지 예측할 수 있는 건 있다. 비트코인은 언젠가는 0원이 될 것이다. 0원은 아니더라도, 최소한 지금보다는 상당히 낮은 가격이 될 것이다. 인류가 만들어낸 모든 상품의 가격은 한때 아무리 비쌌다고 해도 모두 다 폭락했다. 더 좋은 상품이 나와 더 이상 찾는 사람이 없어져 가격이 0원대로 떨어지기도 했고, 세대가 바뀌면서 사람들의 기호가 달라져서 가치가 없어지기도 했고, 사람들의 생활 패턴이 달라져 더 이상 거래가 이루어지지 않기도 했다. 어떤 이유이든 모든 상품은 가치를 잃고 스러져 갔다. 이전에도 귀했고 지금도 귀한 상품은 금, 은 같은 귀금속밖에 없다. 비트코인을 '디지털 금'이라고는 하지만 '디지털' 금일뿐이지 진짜 금은 아니다. 이제 생긴 지 15년밖에 안 된 비트코인이 수천 년 동안 가치를 지녀온 금과 동급이라고는 생각하지 말아야 한다.

그럼 언젠가는 0원이 될 운명이니 비트코인을 지금부터 무시해야 할까? 그럴 수는 없다. 경제학에는 두 소류가 있다고 했다. 하나는 고전학파이고 다른 하나는 케인스학파이다. 한 국가의 경제는 주기적으로 호황과 불황을 겪는다. 불황기의 가장 큰 문제는 단순히 경기가 안 좋다는 게 아니라 실업률이 높아진다는 점이다. 직장을 잃으면 사람들의 삶은 치명적인 영향을 받는다. 이 불황기의 실업을 어떻게 대응해야 할 것인지가 경제학의 주요 과제이다.

고전학파에서는 자본주의 경제는 호황-불황-호황-불황이 주기적으로 나타나니, 불황이라고 해서 특별히 따로 대응할 필요가 없다고 본다. 지금 불황이기는 하지만 시간이 지나면 다시 호황이 올 것이고, 실업 문제는 저절로 해결될 것이다. 단기적으로는 어렵지만, 장기적으로는 문제가 아니다. 이에 대하여 케인스학파는 정부가 적극적으로 나서서 실업 해소 정책을 실행해야 한다고 말한다.

장기적으로 괜찮아질 테니 정부 간여가 불필요하다는 고전학파의 주장에 대해 케인스는 이렇게 반론했다. "장기적으로 우리는 모두 죽는다." 장기적 결과만을 고려하면 우리는 오늘을 어떻게 살아야 할지 고민할 필요가 없다. 당연히 열심히 살 필요도 없다. 결국 모두가 죽을 거, 뭐하러 열심히 사는가. 하지만 그런 식으로 살면 인생이 정말로 망한다. 장기적으로 어떻게 될지 결과를 알더라도, 지금 당장 단기적으로는 최선의 방법을 찾기 위해 노력해야 한다.

유진 파마의 말대로 비트코인은 언젠가 0원이 될 수 있다. 하지만 그게 지금 비트코인을 버려야 한다는 당위성을 주지는 않는다. 장기적으로는 0원이 된다 하더라도, 앞으로 10년 정도는 좋은 가격을 가져갈 수 있다면 지금의 비트코인은 충분히 투자 대상이 될 수 있다. 아니 10년까지도 필요 없다. 4년 후에도 비트코인이 충분히 살아남고 높은 가격을 유지할 수 있다면 비트코인은 훌륭한 투자처가 된다. 비록 10년 후에 가치가 0원이 된다 하더라도, 4년 후에 2억 원을 넘을 수 있다면 지금 비트코인은 사야 하는 투자 대상이 된다.

나는 비트코인의 미래를 믿는다. 그런데 100년 후의 비트코인을 믿는 건 아니다. 50년 후도 믿지 못한다. 내가 믿는 건 4년 정도다. 4년 정도까지는 분명 비트코인은 망하지 않고 유지될 것이다. 그럼 4년 후에는 비트코인에서 손을 뗄 거냐고 하면 그건 아니다. 내년에는 그 후의 4년을 예상할 것이고, 내후년에는 또 그 후의 4년을 예상할 것이다. 그런 식으로 4년이 계속 연기되면서 10년, 20년을 갈 수도 있다. 하지만 내가 지금 예상하는 미래는 4년까지이다. 4년 후에 계속 살아남을 것 같으면 투자하는 것이고 4년 후를 기약할 수 없으면 손을 뗄 것이다.

비트코인을 장기적으로 보지 않고 지금 당장의 상승과 하락만을 기준으로 보는 기술적 투자자나 단기 투자자에게는 이런 말이 별 의미 없을 것이다. 하지만 비트코인을 장기적으로 보려는 사람에게 비트코인의 미래 시계를 어디까지 보느냐는 굉장히 중요한 문제이다. 비트코인에는 여러 한계점이 있을 수 있다. 하지만 앞으로 0원이 된다고 해도, 4년 후까지는 문제없다면 비트코인은 여전히 좋은 투자 대상이 될 수 있다.

6장

그래도 비트코인인 이유

 # 비트코인은 알트코인과 무엇이 다른가

비트코인은 최초의 가상자산이다. 그 이후 여러 가상자산이 나왔다. 비트코인 이외의 다른 가상자산들을 '알트코인(Altcoin, 얼터너티브 코인Alternative coin의 약자)'이라 부른다. 같은 가상자산이지만, 비트코인과는 그 위상이나 가격 등에서 큰 차이가 있기에 비트코인과는 구별해서 그렇게 부르고 있다.

현재 전 세계적으로 유통되는 알트코인은 몇천 가지나 된다. 지금 업비트, 빗썸 같은 한국의 가상자산 거래소에 상장된 가상자산만 해도 몇백 개가 넘는다.

알트코인은 비트코인 이후에 나왔다. 나중에 나오면서 먼저 있던 것보다 성능이 더 나쁘면 사람들이 찾을 리가 없다. 그래서 알트코인들은 비트코인의 문제점을 보완한다. 비트코인보다, 그리고 앞서 나온 알트코인보다 무언가 나은 점을 개발해서 공개한다.

비트코인은 거래가 확정되는 데 10분 정도 걸린다. 그런데 현실 거래에서 거래 확인 시간이 10분이나 걸리면 곤란하다. 많은 알트코인이 이 거래 완결 시간을 획기적으로 줄여서 출시되었다. 비트코인의 단점을 제거한 것이다.

비트코인의 또 다른 문제점은 거래량이 부족하다는 것이다. 비트코인은 화폐를 대체하겠다고 나왔는데, 막상 2100만 개밖에 생산되지 않는다. '사토시'라는 보다 작은 단위가 있지만, 그래도 이것 가지고 현실에서 거래하기에는 너무 부족하다. 그래서 알트코인들은 더 많은 양을 제공해서 현실에서 거래되는 데 부족하지 않게 했다. 이더리움, 도지코인 등은 아예 생산량에 제한을 두지 않았다. 리플은 1000억 개를 발행했다. 비트코인보다 유통량이 훨씬 많으니 현실에서 유통되는 데 문제가 없다.

또 전문화를 추구하는 코인도 있다. 특정 영역 맞춤형으로 가상자산을 만들면 그 영역에서는 훨씬 유용하게 사용될 수 있다. 리플은 은행, 금융 거래에 특화된 가상자산이다. 전 세계 은행들이 리플을 이용하면 국가 간 화폐 거래를 훨씬 쉽게 할 수 있다는 것이 그 제작 목적이다.

사실 모든 알트코인은 비트코인보다 무언가 더 나은 점이 있다. 그러면 알트코인이 비트코인을 대체할 수 있을까? 최소한 비트코인과 같은 가격이 될 수 있을까? 난 비트코인과 알트코인은 완전히 다르다고 생각한다. 비트코인을 대체하고자 만들어졌지만, 알트코인은 비트코인과는 성격이 완전히 다르다.

비트코인의 가장 중요한 특징 두 가지는 무엇일까? 하나는 중앙관리자가 없다는 점이다. 중앙관리자가 없는 블록체인이 비트코인의 모든 특성을 만들어낸다. 또 하나는 공급량이 2100만 개로 고정되어 있다는 점이다. 정부가 통화량을 자의로 조절하는 걸 반대하는 것이 기본 이념이기에, 비트코인은 공급량 조절이 불가능하도록 고정되어 있다.

그런데 알트코인은 대부분 중앙관리자가 있다. 알트코인을 만들어낸 주체가 있고, 관리자가 있다. 회사나 재단 등에서 알트코인을 만들어 공급한다. 블록체인의 장점은 중앙관리자가 없다는 점이다. 그래서 조작 가능성이 없고 신뢰성이 있는 것이다. 그런데 회사, 재단 등 관리자가 있는 블록체인을 만들고서는 신뢰성이 있다고 주장한다. 블록체인은 누군가가 50%를 초과하는 지분을 가지면 조작이 가능하다. 관리자 없이 무수한 사람들이 참여하는 비트코인 블록체인이기에 신뢰성이 있는 것이지, 실질적으로 지분 대부분을 보유한 중앙관리자가 있는 블록체인은 신뢰할 수 있는 대상이 아니다. 관리자가 있는 알트코인은 그냥 회사의 주식과 비슷한 증서이다. 미국 정부가 알트코인은 실제로는 증권이라며 반대하는 이유가 이것이다. 최소한 관리자가 있는 알트코인들이 블록체인의 신뢰성을 떠들어대는 건 맞지 않다.

두 번째, 비트코인의 공급량은 2100만 개로 고정이지만, 알트코인은 무한대로 공급될 수 있다. 비트코인의 가격이 계속 오를 수 있는 건 공급량이 고정이기 때문이다. 공급량이 계속 증가하면 높은 가격이 형성될 수 없다. 알트코인의 가격이 비트코인과 비슷해지는 건 요원한 일이다.

대표적인 알트코인이자 비트코인에 이어 두 번째로 유명한 이더리움을 보자. 이더리움의 공급량에는 한계가 없다. 끝없이 생산할 수 있다. 이런 무한대 공급량을 가진 상품의 가격은 높아질 수가 없다. 이더리움의 가격이 높아지면 사람들은 이더리움을 더 생산하려 할 것이고 공급량은 증가한다. 이더리움 올 생산하는 데는 비용이 든다. 그 비용보다 더 높은 시장 가격이 형성되면 이더리움 공급은 증가한다. 공급이 증가하면 어느 순간 가격은 다시 안정적으로 바뀐다. 순간적인 인기로 가격이 올라갈 수는 있다. 하지만 무한대로 생산할 수 있는 한 이더리움의 가격은 생산비보다 조금 높은 가격으로 수렴하게 된다. 이더리움 관리 단체는 2022년, 이런 이더리움의 약점을 보완하기 위해서 일정 비율의 이더리움이 자동적으로 폐기되도록 조치해 공급량이 늘어나지 않도록 했다. 그런데 이런 조치를 한다는 것 자체가 이더리움은 주도적인 관리 조직이 있다는 것을 의미한다. 또 실제로는 그 이후 폐기 비율이 감소되면서 이더리움의 공급량은 계속 증가하고 있다. 공급량이 늘어나면 일정 수준 이상의 가격 상승은 어렵고, 계속해서 가격 하락 압력을 받게 된다. 도지코인, 솔라나 등도 공급량이 무한대이다. 비트코인과는 완전히 다르다.

또 중앙관리자가 있는 알트코인 중 대부분은 생산량이 정해져 있다. 리플은 1000억 개, 에이브는 450억 개가 총 발행량이다. 비트코인보다 훨씬 더 많은 생산량이다. 물론 비트코인보다 더 많기 때문에 개당 가격은 비트코인보다 낮겠지만, 그래도 '발행량×가격'인 총 시가 규모는 비트코인과 비슷하게 갈 수 있지 않을까? 비트코인의 공급량이 고정되어 있어 가격이 계속 오를 수 있다면, 이런 알트코인들도 공급량이 고정되어 있으니 계속 오를 수 있지 않을까?

하지만 난 이런 알트코인들의 공급량이 고정되어 있다고 믿지 않는다. 비트코인은 관리자가 없다. 관리자가 없으니 시스템을 변경해서 공급량을 더 늘리자는 결정을 할 수도 없다. 비트코인의 공급량 2100만 개는 누가 개입해서 변경할 수 있는 게 아니다. 하지만 공급량이 고정되어 있는 다른 알트코인에는 모두 관리자가 있다. 개발 회사가 자기가 개발한 알트코인을 관리한다. 즉 알트코인은 관리자의 의도에 따라 얼마든지 공급량이 바뀔 수 있다. 지금 10억 개를 발행한다고 했지만, 앞으로 상황이 바뀌면 10억 개를 더 발행하겠다며 그 정책을 뒤집을 수 있다. 이유는 얼마든지 만들 수 있다. '10억 개로 충분할 줄 알았는데 이것으로는 원활한 유통이 불가능했다. 그래서 유통의 편의성을 높이도록 더 발행하겠다', '현재 가격이 너무 높아 일반 사람의 접근이 어렵다. 그래서 이용의 접근성을 확보하기 위해 더 많이 발행하겠다' 등등의 이유로 더 발행할 수 있다.

그리고 어떤 이유로든 원래 계획보다 발행량이 증가하면 가격은 폭락한다. 가격이 올라갈 때마다 관리자들은 발행량을 늘리려는 동기를 갖게 된다. 관리자는 발행량을 더 늘리면 엄청난 자산 및 이익의 증가를 얻을 수 있다. 이런 알트코인은 유통량이 많아져서 사람들이 더 많이 사용할 수는 있을 것이다. 하지만 최소한 투자의 대상은 아니다. 앞으로 사람들이 더 많이 이용할 수는 있겠지만, 가격이 계속 오를 수는 없다.

그래서 나는 오직 비트코인만이 장기적으로 계속 가격이 오를 거라고 생각한다. 투자 대상으로 생각하는 건 비트코인뿐이다. 알트코인은 단기적인 폭등은 가능해도 장기적인 가격 유지는 어렵다고 생각한다. 믿을 수 있는 가상자산은 비트코인뿐이다.

# 비트코인은 국제 상품이다

에피소드 1

2024년 3월 11일. 이날 한국에서 비트코인 가격이 1억 원을 돌파했다. 1억 원을 돌파한 시점은 3월 11일 오후 6시 32분경인데 그 직전 빗썸의 비트코인 매매 현황은 다음 표(215쪽)와 같았다.

빗썸에서는 1000원 단위로 비트코인이 거래된다. 매도 주문량을 보면 9999만 8000원에 0.258개, 9999만 9000원에 3.911개의 매도 주문이 쌓여 있다. 보통 빗썸에서는 가격대별로 이 정도의 매도 주문이 있다. 그런데 1억 원에서의 매도량은 41.926개이다. 압도적으로 많다. 한국에서는 그동안 비트코인이 1억 원을 가느냐, 1억 원을 넘더라도 그 가격을 유지할 수 있느냐로 많은 논란이 있었다. 비트코인이 1억 원을 넘느냐 아니냐는 엄청난 의미가 있는 것이었

2024년 3월 11일 오후 6시 32분경, 빗썸의 비트코인 매매 현황

비트코인 주문 가격	매도 주문량	매수 주문량
100,001,000	0.498	
100,000,000	**41.926**	
99,999,000	3.911	
99,998,000	0.258	
99,997,000		0.109
99,996,000		0.841

다. 그래서 이 가격대에서 수익을 실현하려고 다른 가격대에 비해 몇십 배나 되는 매도량이 쌓여 있었다. 이날 결국 1억 원이 넘었고, 모든 언론에서는 '비트코인 1억 원 돌파'를 주요 기사로 내보냈다.

에피소드 2

2024년 12월 3일 밤, 당시 윤석열 대통령이 비상계엄을 선포했다. 그러자 비트코인 가격은 말 그대로 폭락했다. 이때 비트코인은 1억 3000만 원대였는데, 8000만 원대로 수직 낙하했다. 비상계엄이 선포되면 금융시장에 엄청난 타격을 주고 주식 등은 폭락한다. 하지만 비상계엄은 밤에 선포되었고, 주식시장은 닫혀 있었다. 그런데 가상자산 시장은 24시간 운영된다. 그래서 비트코인 가격이 폭락했다. 많은 사람이 비상계엄이라는 엄청난 자산 폭락 사건에 대응하여 비트코인을 팔았다. 그리고 두 시간 사이에 비트코인은 다시 원래 가격대로 회복했다.

에피소드 3

2025년 봄, 한국 정부는 법인의 가상자산 거래를 허용하겠다고 발표한다. 그동안 개인은 가상자산 거래소에 계좌를 열고 비트코인 등을 거래할 수 있었다. 하지만 법인은 할 수 없었다. 금융회사, 투자회사 등도 비트코인을 사고팔 수 없었다. 그런데 2025년 하반기부터는 금융회사, 투자회사도 비트코인을 살 수 있게 되었다. 이후에는 일반 회사법인도 비트코인을 구매할 수 있게 하겠다고 한다.

그동안 비트코인 거래가 금지되었던 한국 회사들이 비트코인을 구매할 수 있게 되면 새로운 수요층이 생긴다. 그러면 비트코인 가격이 훨씬 더 오를 수 있다. 한국 법인의 비트코인 허용이 비트코인 가격 상승에 영향을 미칠 것이라고 많은 사람이 예측하고 있다.

한국 사람들이 비트코인에 대해 크게 오해하고 있는 게 하나 있다. 바로 한국의 상황에 따라 비트코인 가격이 변동한다는 생각이다. 한국에서 사람들이 비트코인에 몰리면 가격이 오르고, 관심이 식으면 가격이 떨어진다고 생각한다. 단순히 가격만이 아니다. 비트코인에 대한 인식 자체도 한국을 배경으로 한다. 한국에는 비트코인을 받는 가게가 없다. 사람들끼리 비트코인을 주고받는 것도 보기 어렵다. 그러니 비트코인은 실생활에 아무런 쓸모가 없는 허상일 뿐이라고 생각한다.

그러나 비트코인은 국제 상품이다. 처음 만들어진 곳도 외국이었고, 지금 생산하는 국가 대부분도 외국이고, 주요 수용층도 외국이다.

비트코인 생태계는 한국과 별 상관이 없다. 한국 내의 사건으로 인해 비트코인 가격이 영향을 받지도 않는다.

국제경제학에는 '가격 설정자'와 '가격 수용자'라는 개념이 있다. 가격 설정자는 상품의 가격 결정에 영향을 미치는 주체이다. 가격 수용자는 외부에서 정해진 가격을 그냥 받아들여야 하는 존재이다. 경제 강국은 가격 설정자가 될 수 있다. 그러나 대부분의 일반 국가는 가격 수용자이다. 한국은 선진국으로 분류되는 세계 10위권에 근접한 경제대국이다. 하지만 막상 세계 경제에서 차지하는 비중은 약 1.62%에 불과하다. 이 정도 비중으로는 가격 설정자가 될 수 없다. 한국은 가격 수용자이다.

한국에서는 비트코인 1억 원 돌파가 의미 있을 수 있다. 하지만 국제적으로 볼 때는 별 의미가 없다. 바꾸어서 생각해보자. 비트코인이 일본에서 1000만 엔을 넘었는지 한국인이 관심을 가지는가? 일본에서 비트코인이 과연 1000만 엔을 넘을 수 있을지, 그리고 1000만 엔이 넘었는데 더 오를 수 있을지를 놓고 논쟁한다면 공감이 되는가? 마찬가지이다. 비트코인이 과연 1억 원을 넘을 수 있느냐는 한국에서의 관심사일 뿐이다. 비트코인은 한국 가격과 상관없이 움직인다. 비트코인에 의미 있는 것은 달러이다. 10만 달러, 20만 달러, 30만 달러를 넘을 것인가, 이 가격을 넘어 계속 오를 수 있을 것인가를 생각해야 한다.

2024년 12월 3일 비상계엄 선포 때 사람들이 비트코인을 대량으로 팔아치운 것도 비트코인이 국제 상품이라는 것을 제대로 인지하지 못했기 때문이다. 비상계엄은 분명 엄청난 사태이다. 경제 불안, 주가 폭락을 가져오는 대형 악재이다. 하지만 한국의 비상계엄은 어디까지나 한국 내의 문제일 뿐이다. 국제적으로는 큰 영향이 없다. 참고로 한국과 경제 규모가 비슷한 호주나 멕시코에서 비상계엄이 발생했다고 해서 비트코인의 폭락을 예상하며 팔아치울 한국 사람이 몇이나 되겠는가? 그런 사건은 어디까지나 호주나 멕시코의 국내 상황일 뿐이다. 국제 시장 가격에 큰 영향을 미치지 못한다. 오히려 한국에 정치적 동란이 발생해도 한국 상황과 관계없이 가격이 유지되는 국제 상품은 보유하고 있어야 한다. 한국 주식과 채권으로만 포트폴리오를 구성하는 게 아니라 금, 비트코인, 달러 같은 국제 상품도 사둬야 한다. 비상계엄 때 한국의 비트코인 가격 폭락은 비트코인을 한국 상품으로 오해한 사람들의 실수였다고밖에는 말할 수 없다.

이런 관점에서 한국에서 법인이 비트코인 거래를 할 수 있게 된다면 비트코인 가격에 어떤 영향을 미칠까를 생각해보자. 한국의 금융기관, 투자회사들이 비트코인을 살 수 있게 되면 비트코인 가격에 호재로 작용할까? 그렇게 예상하는 사람도 많다. 하지만 분명히 알고 있자. 한국은 비트코인과 관련해서 가격 수용자일 뿐이다. 비트코인 가격에 별 영향을 미치지 못한다. 미국은 가격 설정자이다. 그래서 미국에서의 비트코인 ETF 출시가 가격 폭등을 이끌었다. 하지만 가격 수용자 국가에서의 비트코인 ETF 출시는 별다른 영향을 미치지 못한다.

비트코인은 국제 상품이다. 그리고 한국은 국제 시장에서 가격 수용자이다. 한국에서의 사건이 비트코인 가격에 영향을 미칠 거라고는 생각하지 말아야 한다. 세계를 봐야 한다. 그래야 비트코인의 움직임을 그나마 이해할 수 있다.

신기술 블록체인은
미래를 바꿀 것인가?

비트코인은 블록체인이라는 기술을 기반으로 한다. 블록체인은 하나하나 벽돌을 쌓는 방식으로 데이터를 축적하는 기술이다. 한 층을 쌓고 나면, 그 아래층에 있는 벽돌은 건드릴 수 없다. 아래층 벽돌은 더 이상 변경이 불가능하기 때문에 조작 가능성이 없다. 그리고 이 벽돌층은 누구에게나 다 공개되어 있다. 그동안 쌓인 모든 정보를 누구나 볼 수 있고, 또 변경 불가능하다. 그러니 투명하고 신뢰성 있는 자료 축적 방법이 된다.

비트코인과 블록체인은 별개로 나타난 게 아니다. 블록체인 기술이 이미 존재했고 그걸 이용해서 비트코인이 발명된 게 아니라, 블록체인 형태로 개발된 게 비트코인이다. 최초의 블록체인 기술이 바로 비트코인이고, 비트코인은 블록체인과 한 몸으로 태어났다.

블록체인은 미래의 신기술이라고 일컬어진다. AI, 바이오, 자율주행 자동차 등 미래를 바꿀 기술이라고 불리는 것들이 있는데 그중 하나가 블록체인이다. 블록체인 기술이 일반화되면 비트코인에도 긍정적일 것이다. 블록체인 세상은 비트코인 세상이기도 하기 때문이다.

그런데 나는 블록체인에 대한 전망을 그리 밝게 보지 않는다. 블록체인의 미래를 긍정적으로 보는 사람은 블록체인이 비트코인을 넘어서서 다른 분야에서도 일반적으로 사용될 거라고 본다. 투명하고, 누구나 볼 수 있고, 조작 가능성이 없는 블록체인은 분명 이상적인 자료 모델이기 때문이다. 하지만 블록체인의 이러한 장점은 역으로 단점이 될 수도 있다. 모든 사람이 투명한 자료, 누구나 볼 수 있는 자료, 변경 불가능한 자료를 원하는 건 아니다.

일단 첫째, 누구나 쉽게 볼 수 있는 정보는 가치가 떨어진다. 누구에게나 다 알려지는 정보는 가치가 없다. 나만 알거나 소수 집단만 아는 게 가치 있는 정보이다. 인터넷에 수많은 정보가 있다고 해서 모든 정보가 다 있다고 생각해서는 곤란하다. 진짜 중요한 정보는 인터넷에 떠돌지 않는다.

코카콜라를 검색하면 수많은 정보가 나온다. 이 정보를 보면 코카콜라에 대해 모든 걸 다 아는 것 같다. 하지만 코카콜라 원료의 레시피는 어디에도 나오지 않는다. 이건 회사의 비밀이고, 아무도 모른다. 또 일반 회사의 경우에도 과거 실적은 공개되어 있다. 하지만 현재 실적에 대한 정보는 알려져 있지 않다. 회사가 발표하는 실적

자료는 몇 개월 전의 것이다. 지금 현재 어떤지는 말해주지 않는다. 그 정보를 알면 주식을 매매하면서 큰돈을 벌 수 있다. 하지만 지금 현재의 기업 정보는 공개되어 있지 않다. 수많은 애널리스트, 기업 분석가, 투자자들은 바로 이런 공개되지 않은 정보를 파악하기 위해 애쓰는 사람들이다.

학자들은 논문으로 자신의 연구 결과를 발표한다. 이렇게 발표된 논문은 모든 사람이 볼 수 있다. 그런데 학자들 사이에서 진짜 소중한 정보는 학술지에 게재된 게 아니라, 발표되기 전의 논문이다. 모든 논문은 다 공개되는데도 학자들이 비싼 돈과 시간을 들여 직접 학회에 참석하는 이유는 학술지에 게재되기 전 아직 작성 중인 논문을 보기 위해서이다.

전문가는 다른 사람들이 알 수 없는 정보를 가지고 있기 때문에 전문가이다. 그런데 모든 정보를 사람들이 볼 수 있게 한다? 블록체인은 일반 정보 수준에서만 활용 가능하다. 진짜 가치 있는 정보 수준에서는 활용되지 않는다.

변경 불가능성도 문제이다. 블록체인은 과거 자료를 조작할 수 없다는 점에서 강점이 있다. 하지만 과거 자료를 변경하는 데는 조작의 목적만이 있는 건 아니다. 과거의 오류를 수정하는 것도 과거 자료를 변경하는 주요 이유이다. 실제 조직에서 과거 자료를 변경하는 건, 조작보다는 오류 수정 때문인 경우가 더 많다. 물론 오류 수정이라면 블록체인에서도 충분히 가능하긴 하다. 오류가 적힌 예전 블록이 있고, 그 오류를 수정한 블록도 있으면 어쨌든 오류는 수정된다. 그런데 이때, 과거에 누가 어떤 오류를 냈는지가 기록에 남는다. 다른 사람에게 알리고 싶지 않은 정보가 영원히 남는다. 블록체인을 보기만 하는 제3자는 이런 오류에 그냥 재미있다고만 생각할 것이다. 하지만 블록체인을 만들고 기록하는 당사자에게는 이건 치명적인 사항이다. 자기가 저지른 오류를 수정할 수 없고, 수정하더라도 기록에 남는다는 건 기록자로서는 절대 피하고 싶은 일이다. 자료를 만들고 저장하는 사람은 블록체인을 쓰는 게 두렵다. 누가 사용을 강제한다면 어쩔 수 없겠지만, 스스로 도입하기는 어렵다.

무엇보다 블록체인의 문제는 변경 불가능성이 절대적이지 않다는 점이다. 블록체인 참여자의 50%가 넘는 동의를 얻으면 변경할 수 있다. 한국에서는 보통 퍼블릭 블록체인이 아니라 프라이빗 블록체인을 추구한다. 퍼블릭 블록체인은 누구나 다 참여하는 블록체인이고, 프라이빗 블록체인은 참여자가 제한된 것이다. 프라이빗 은행 블록체인의 경우, 은행사들만 참여한다.

그런데 한국에 은행이 몇 개나 되는가? 열 개밖에 안 된다. 이 중 6개 사만 찬성하면 과거 기록을 바꿀 수 있다. 10개 사 중 6개 사의 찬성을 받는 건 그리 어려운 일이 아니다. 은행에 블록체인이 도입되면 과거 기록의 변경이 엄청나게 발생할 것이다.

그래서 블록체인은 많은 사람들이 참여할 때 의미가 있다. 소수만 사용하는 블록체인은 얼마든지 조작이 가능하다. 그런데 많은 사람들이 정말로 블록체인 운영에 참여할까? 우리는 어떤가? 등기부등본 블록체인, 자격증 면허 블록체인, 자동차 사고 이력 블록체인, 병원 블록체인 등이 생기면, 우리는 이런 블록체인 운영에 적극 참여할 것인가? 매일 이 시스템을 운영하는 데 기여할 것인가?

대부분은 안 할 것이다. 한다고 해도 자기가 관심 있는 아주 소수 분야에만 참여할 것이다. 그것도 장기간이 아닌 단기간만 할 것이다. 어느 순간 해당 블록체인에 참여하는 사람은 소수가 되고, 그때는 몇몇 주도자에 의한 조작이 얼마든지 가능해진다. 블록체인은 믿을 수 있는 기록 저장장치가 아니다.

비트코인 블록체인을 믿을 수 있는 건, 참여자들이 굉장히 많기 때문이다. 전 세계 각지에서 수백만 대의 컴퓨터가 비트코인 블록체인에 참여하고 있다. 워낙 많고 다양한 집단들이라 50%를 초과하는 이들의 담합이 쉽지 않다. 설사 담합이 가능하다 하더라도, 그 사실이 알려지면 비트코인은 그 즉시 가치를 잃게 될 것이다. 조작 가능성이 있는 비트코인은 더 이상 고려 대상이 될 수 없다. 비트코인 블록체인 참여자들도 그 사실을 알기 때문에 담합은 하지 않으려 한다. 그건 스스로를 망치는 길이다.

비트코인은 세상을 변화시켰다. 하지만 블록체인이 세상을 바꾸었을까? 지금까지는 아니더라도 앞으로는 바꿀 수 있을까? 블록체인이 가치를 가지는 건 비트코인 때문이다. 비트코인과 떨어진 블록체인은 큰 의미가 없었다. 지금 블록체인이 주로 활용되는 곳은 가상자산 분야뿐이다. 가상자산을 벌 수 있다고 해야 사람들이 그나마 블록체인에 참여하게 된다. 그런 보상이 없으면 블록체인 생태계는 만들어지지 않는다.

비트코인은 그동안 계속 가격이 올랐고, 꾸준히 사람들의 관심을 받아왔다. 그래서 비트코인 블록체인 생태계는 유지되고 있다. 하지만 다른 가상자산 블록체인에는 그런 관심이 오래 지속된 경우가 별로 없다. 한때 주목을 받다가 관심이 떨어지면, 참여자들이 줄면서 더 이상 믿을 수 없는 블록체인이 되고 만다. 중요한 건 블록체인이 아니다. 비트코인이다. 나는 비트코인과 별개로 블록체인 그 자체가 미래의 신기술이 될 거라고는 기대하지 않는다.

# 비트코인은
디지털 시대의 지위재

경제학에는 '지위재'라는 것이 있다. 상품은 원래 서비스를 제공하기 위해 만들어진 것이다. 그런데 지위재는 소유자에게 서비스보다는 지위를 제공하는 상품이다.

가장 일반적인 지위재로는 고급 자동차, 명품 백bag 등이 있다. 벤츠, BMW를 타고 다니면 부자라고 생각한다. 보통 사람이 타기 힘든 비싼 자동차이고, 따라서 이런 차를 타면 돈이 있는 사람이라는 인상, 즉 지위가 생긴다.

그런데 현재 한국에서는 워낙 많은 사람들이 벤츠 등을 몰고 있기 때문에 이제는 이런 차를 몬다고 해서 다 부자로 보지는 않는다. 하지만 벤츠 중에서도 S클래스는 여전히 보통 사람들이 접근하기 힘들다. 벤츠 S클래스를 타면 부자로 인식된다.

더 나아가 포르쉐, 페라리 같은 스포츠카를 소유하고 있으면 부자로 인정한다. 자기가 나서서 나는 부자라고 떠들 필요가 없다. 몇 억 하는 이런 차를 가지고 있으면 부자이다. 최고봉 중 하나는 롤스로이스 팬텀이다. 롤스로이스 팬텀을 타면 진짜 큰 부자이다. 이렇게 소유자의 신분을 나타내는 상품이 지위재이다.

서울 '강남'도 지위재로서의 성격을 가진다. 서울 강남에 산다고 하면 잘사는 사람으로 생각한다. 그런 이미지를 얻기 위해 사람들은 강남으로 들어오려 한다. 지위재로서의 성격이 아니면 강남 아파트 가격이 계속 오르는 이유를 설명하기 힘들다. 다른 지역의 아파트 가격은 떨어져도 강남 아파트는 계속 오른다. 최소한 다른 지역만큼 떨어지지는 않는다.

혹시 강남이 살기 좋아서일까? 만약 누군가가 강남에도 살아보고, 다른 지역에서도 살아봤는데 역시 강남이 살기 좋더라 한다면 인정할 수 있다. 하지만 대부분의 사람은 강남에 살아본 적도 없으면서 강남에 살고 싶어 한다. 이건 생활의 편리성 때문이 아니다. 강남에 거주한다는 이미지 때문이다.

지위재는 보통 상품과 다른 몇 가지 특성을 가진다. 우선 지위재는 그 상품의 효율이나 기능을 잘 따지지 않는다. 아니 오히려 그런 건 무시하기도 한다. 롤스로이스 팬텀은 연비가 1리터에 약 6킬로미터 정도이다. 보통 차의 절반도 안 된다. 공식 연비가 그 정도이고 시내 주행으로 따지면 그마저도 나오지 않는다. '기름 잡아먹는 하마'이고, 에너지 효율성에서는 낭비의 대명사라 할 수 있다. 절대 좋은 차라고 할 수 없다. 보통 차를 이렇게 만들면 비효율적이라고 비판받고 시장에서 사라졌을 것이다. 하지만 지위재는 그런 것들에 얽매이지 않는다. 역설적이지만 이런 비효율성이 오히려 롤스로이스의 지위재로서의 성격을 강화시킨다. 롤스로이스를 타면 진짜 큰 부자로 본다.

집값은 거주의 편리성, 편의시설의 많고 적음, 공간의 크기와 고급스러움 등에 따라 달라진다. 그런데 지위재에서는 그런 게 별로 중요하지 않다. 강남 아파트가 정말 살기 편하고 편의시설도 많고 공간도 넓은가? 압구정 아파트들은 지은 지 40년이 넘었다. 모든 게 다 낡았고 최신 아파트가 갖추고 있는 편의시설도 없다. 하지만 가격은 전국 아파트 중 최고가 수준이다. 강남 20평대 아파트가 다른 지역 40평대 아파트보다 비싸다. 편리성, 효율성, 가격 대비 효용성 등은 보통 재화에나 적용되는 기준이다. 지위재에는 그런 기준이 중요하지 않다.

둘째, 지위재는 비싸다. 보통 사람이 가지기 힘들기 때문에 지위재인 것이다. 일반인들이 구입하기 힘들수록 지위재로서의 위치가 탄탄해진다. 보통 상품은 시간이 지나면 더 싸진다. 기술이 개발되고 생산비가 절감되면서 가격이 낮아지는 게 원칙이다. 처음에는 비싸서 못 샀지만, 시간이 지나면서 보통 사람도 살 수 있어지는 게 일반 상품이다. 하지만 지위재는 그렇지 않다. 처음에도 비쌌지만, 시간이 지나도 비싸다. 아니 더 비싸진다. 명품 에르메스, 샤넬 백은 해마다 가격을 올린다. 일반 상품이 품질에 별 차이도 없는데 가격만 계속 올리면 엄청난 비판을 받으며 시장에서 퇴출된다. 그러나 지위재는 아니다. 가격이 올라도 계속 사고 싶어 하는 사람들이 있다. 사기 힘들어지면 지위재의 가치는 더 올라간다. 지위재에는 일반적인 상품 평가 기준이 적용되지 않는다.

비트코인은 점점 이런 지위재로서의 성격을 띠어가고 있다. 디지털 시대에 새롭게 등장한 지위재이다. 비트코인은 혁신의 아이콘이었다. 새로운 개념, 새로운 사상, 새로운 이념을 상징하는 혁신 상품이었다. 초기에 비트코인을 채굴하고 소유한 사람들은 이런 혁신성에 관심을 가진 이들이다. 그러다 조금 알려지면서 비트코인은 이 분야 얼리어답터들의 상징이 된다. 비트코인을 알고 소유한다는 것은 시대의 변화를 빨리 캐치하고 받아들였다는 의미였다. 즉 '비트코인을 소유하고 있다'는 건 그 자체로 얼리어답터라는 걸 말하는 것이었다.

이제는 정말 많은 사람들이 비트코인을 알고 있다. 지금은 비트코인을 가지고 있다고 해서 혁신의 이미지를 주지는 않는다. 그 대신 지위재로서의 의미가 강해지고 있다. 비트코인을 가지고 있으면 뭔가 부여되는 이미지가 있다. 알트코인과는 다르다. 쿨한 이미지가 있고, 더 나아가 돈이 있는 사람이겠다는 인상을 준다.

비트코인을 아는 사람은 많다. 하지만 막상 소유하고 있는 사람은 많지 않다. 특히 비트코인을 0.01개, 0.005개 식이 아니라 온전하게 '1'개를 가진 사람은 정말 드물다. 비트코인을 가지고 있다고 말해도 자세히 들어보면 알트코인을 가지고 있는 경우가 많다. 많은 사람이 알트코인을 하면서 비트코인을 한다고 표현한다. 지금 비트코인은 굉장히 비싸다. 한 개에 1억 원이 넘는다. 비트코인을 소수점이 아니라 정수로 가지고 있다면, 누구나 이 사람은 돈이 있다고 생각한다. 지위재로서의 성격을 가지기 시작한 것이다.

비트코인이 정말로 지위재로서의 위치를 차지하게 되면 어떻게 될까? 일단 지금 비트코인에 대한 비판이 대부분 의미를 잃게 된다. 사회적으로 쓸모가 없다, 전기를 많이 잡아먹는다, 사용하기에 편리하지 않다는 등의 비판은 의미 없어진다. 그런 건 일반 상품에나 적용되는 비판이다. 지위재는 편리하지 않아도, 쓸모가 없어도 상관없다. 오히려 그럴수록 지위재로서의 가치는 더 올라간다.

그리고 비트코인이 지위재가 되면, 가격은 더 오른다. 물가가 오르고, 사람들의 소득이 오를 때마다 지위재는 더 비싸진다. 보통 상품은 생산비에 적정 이윤을 붙인 가격으로 판매된다. 하지만 지위재에는 그런 한계가 없다. 생산비와 관계없이 그냥 계속 오른다. 이유 없이 오른다. 말도 안 되는 가격이라고 많은 사람들이 구입을 포기해도 상관없다. 소수의 사람은 계속 사기를 원하고, 그러면 가격은 올라간다. 에르메스 가격이 오르는 건 일반 대중이 아니라 얼마가 되든 사려 하는 소수의 사람들 때문이다.

비트코인이 지위재인지 아닌지 쉽게 판별할 수 있는 방법이 있다. 스스로에게 물어보자. 비트코인을 가지고 싶은가? 지금 비트코인이 있었으면 좋겠는가? 결제할 때 사용할 수도 없고, 아무짝에도 쓸 데가 없는데도 비트코인을 원하는가? 소수점이 아니라 1개, 2개

등 정수로 가지고 있었으면 하는가? 그리고 주위에 비트코인을 몇 개 가지고 있는 사람이 부러운가? 대답이 "예스"라면 비트코인은 지위재로서의 성격을 가지고 있는 것이다. 비트코인은 디지털 시대의 새로운 지위재가 되어가고 있다.

비트코인은
작가가 사망한 예술 작품

비트코인은 사람들 사이에서 여러 가지로 불린다. '미래의 화폐', '디지털 금', '환상', '사기 수단' 등으로 말이다. 그렇다면 비트코인을 10년 넘게 투자하면서 지켜봐온 나는 비트코인을 어떤 투자 상품으로 보고 있을까.

난 비트코인을 '예술품'으로 본다. 현재 세상에 존재하는 것들 중에서 비트코인과 가장 비슷한 것은 예술품이라고 생각한다. 예술품처럼 아름답다거나 영감을 주기 때문은 아니다. 투자 대상으로서의 성격이 예술품과 같다고 보기 때문이다.

예술품으로서의 그림을 보자. 그림을 가지고 있다고 해서 수익이 생기지는 않는다. 10억 원짜리 그림을 가지고 있다고 해서 배당금 같은 돈벌이가 생기지 않는다. 하지만 유명한 그림은 비싸다. 명화로 인정받는 그림은 수익을 전혀 내지 않지만 100억 원이 넘기도 한다. 수익을 일으키지 않는다는 점에서 비트코인과 같다.

그림의 가격은 사용된 물감의 가격, 화가의 노동 시간 등과는 아무 상관이 없다. 비싼 물감을 많이 썼다고 해서 그림 값이 올라간다거나, 화가가 2년 내내 그렸으니 1억 원은 넘어야 한다는 말은 통하지 않는다. 마티스나 피카소 같은 화가가 10분 만에 '끄적인' 스케치가 몇천만 원, 몇억 원에 거래되는 게 예술의 세계이다. 경제학과 경영학에서의 가격 결정 모델은 예술품에서는 아무 의미가 없다.

참고로 비트코인의 가격은 어느 수준 이하로 떨어지지 않을 거라고 이야기하면서, 비트코인 생산에 들어가는 전기료, 운영비를 이야기하는 경우가 있다. 비트코인을 생산하려면 전기료, 운영비 등이 지출되는데 이 비용이 바로 비트코인의 원가이다. 그러니 이 원가 이하로는 가격이 떨어지지 않을 거라는 주장이다. 그런데 이건 그림값이 물감값, 화가 인건비 이하로는 떨어지지 않을 거라고 이야기하는 것과 같다. 가격은 수요와 공급으로 결정되는데, 공급 측면만 보고 가격을 이야기하는 것이다. 아무리 비트코인 생산에 전기료로 1000만 원을 지출했어도 수요가 없다면 그 가격은 1000만 원 이하가 된다. 전기료 1000만 원을 쓴 생산자가 망하는 것이지, 가격이 그 이상으로 유지되는 건 아니다. 가격은 공급과 수요로 결정된다. 공급만으로, 또는 수요만으로 가격이 정해지는 게 아니라는 건 확실히 인식하자.

예술품은 최소한 감상이라는, 만족감이 높아지는 효용성이라도 있는데 비트코인은 그런 것도 없으니 다르다고 하는 사람이 있을 수 있다. 예술품을 소유하면, 그것을 소유하고 있다는 만족감도 생기고, 집에 두고 매일 보면 마음이 힐링될 수 있다. 그게 예술품의 효용이다. 하지만 비트코인은 그런 것도 없지 않냐는 비판이다. 그런데 이렇게 말하는 사람은 비트코인을 온전히 보유해본 적이 없는 사람이다. 설사 비트코인을 소유했다 하더라도 0.01개, 0.002개 식으로 소수점으로만 보유했을 것이다. 비트코인은 참 이상하다. 비트코인을 1개, 5개, 10개 등으로 온전하게 보유하고 있으면 만족감이 생긴다. 볼 수는 없다. 단지 인터넷의 내 계정에서만 볼 수 있을 뿐이다. 하지만 비트코인을 가지고 있으면 그것이 없을 때와는 다른 마음 상태가 된다. 알트코인은 이런 만족감을 주지 않는다. 하지만 비트코인은 심적 만족감을 준다. 이런 만족감을 단지 주관적인 감정 아니냐며 폄하하지는 말자. 예술품의 효용도 주관적인 만족감일 뿐이다.

예술품의 가격은 오직 사람들이 그 작품을 얼마나 많이 찾는지에 달려 있다. 사람들이 많이 찾으면 가격이 오르고, 찾지 않으면 떨어진다. 아무도 사지 않는 그림은 1000원에 내놔도 팔리지 않는다. 그 대신 많은 사람이 사려고 하는 그림은 몇십 억, 몇백 억까지 올라간다. 즉 예술품의 가격은 수요에 의해 결정된다. 가격은 공급과 수요에 의해서 결정되지만, 예술품의 경우에는 수요 측면이 압도적으로 영향을 미친다. 비트코인도 이와 비슷하다. 비트코인은 내재적으로 아무런 가치가 없기 때문에 아무도 찾지 않으면 가격은 0원이 될 것이다. 하지만 찾는 사람이 많으면 가격은 계속 오른다. 비트코인의 가격은 수요에 의해 결정된다. 예술품과 같다.

예술품의 가격이 비싸질 수 있는 이유는 공급이 제한되기 때문이다. 예술품은 사람들이 많이 찾는다고 해서 생산량이 늘어날 수 없다. 특히 작가가 사망하면 그 작가의 작품이 늘어날 가능성은 0이다. 소위 한정 생산품이 된다. 이러면 가격은 더 오른다. 비트코인의 가장 중요한 특성 중 하나가 바로 공급 제한성이다. 2100만 개까지 생산되고 그 이후로는 추가 생산이 없다. 작가가 사망한 예술품의 경우와 같다. 물론 공급이 더 이상 없다고 해서 모든 물건의 가격이 오르는 건 아니다. 사람이 찾지 않는 제품은 아무리 공급이 0이라도 가격이 오르지 않는다. 사람들이 계속 보유하고 싶어 하는 제품만 오른다. 비트코인은 공급은 제한되어 있는데 찾는 사람은 많은 제품에 해당한다. 예술품의 가격이 오르는 이치와 같다.

난 비트코인이 예술품과 같다고 생각한다. 비트코인이 미래 화폐가 될 거라고, 블록체인이 미래를 지배할 신기술이라고 생각하지 않는다. 그럼에도 불구하고 비트코인 투자를 시작한 건, 비트코인의 성격이 예술품과 같고, 그래서 예술품의 가격이 끝없이 오를 수 있듯이 비트코인도 계속 올라갈 수 있다고 생각했기 때문이다.

그래도 그렇지 비트코인을 예술품과 같다고 하는 건 너무 과한 생각 아닐까? 그렇다면 마니아들의 수집품 정도로 보아도 된다. 포켓몬 카드, 야구선수나 농구선수 같은 스포츠 선수 카드, 희귀 우표, 오래된 주화나 지폐처럼 말이다. 이런 분야는 보통 사람은 잘 모른다. 상품 자체뿐만 아니라 그 가격대도 잘 모른다. 단지 해당 분야

마니아들 사이에서만 인기가 있고 거래가 이루어진다.

그러나 사람들에게 알려져 있지 않다고 해서 무시해서는 안 된다. 포켓몬 카드만 해도 한 장에 몇억 원 하는 게 굉장히 많다. 가장 비싼 건 약 70억 원에 거래되었다. 이런 카드를 가지고 있다고 해서 특별히 쓸데가 있는 건 아니다. 돈이 나오는 것도 아니고, 그냥 이런 카드를 가지고 있다는 만족감만 있을 뿐이다. 하지만 수집가는 그런 만족감만으로도 충분하다. 희귀 카드를 가지고 싶어 하고, 몇억을 주고서라도 산다.

포켓몬 카드 등이 이렇게 비싼 이유는 과거 한정판 카드는 더 이상 공급되지 않기 때문이다. 공급은 한정되어 있는데 사고 싶어 하는 사람은 있다. 이러면 가격은 천정부지로 뛸 수 있다. 이런 건 소수의 마니아들만 찾는다. 하지만 수요층이 소수라도 상관없다. 가격이 얼마이든 꼭 사겠다고 하는 고액 자산가가 두 명만 있어도 가격은 끝없이 올라갈 수 있다.

비트코인은 2100만 개만 생산된다. 이러면 비트코인 한 개쯤은 꼭 가지고 싶다는 사람이 전 세계에서 2100만 명에 한 명만 더 있으면 그 가격은 폭등한다. 그런데 현재 비트코인은 몇백만 개가 이미 유실된 상태이고, 1개가 아니라 10개, 100개씩 가진 사람도 많으니 2100만 명까지도 필요 없다. 비트코인을 꼭 가지고 싶어 하는 사람이 200~300만 명만 넘어도 비트코인의 가격은 크게 오를 것이다.

그래서 난 비트코인이 얼마까지 오를지는 예상할 수 없다고 본다. 몇억, 몇십억을 넘어 몇백억까지도 가능할 수 있다. 보통 사람이 아니라 부자들이 비트코인을 가지기를 원할 때, 정말로 그 가격은 한계 없이 올라갈 수 있다.

여기서 중요한 건 무조건적으로 비트코인을 소유하고 싶어 하는 마니아들이 존재하는가인데, 앞에서 이야기했던 것처럼 비트코인 마니아는 존재한다. 이 소수 마니아들이 비트코인 생태계를 지키는 이들이고, 가격 상승의 바탕이 된다. 예술품도 해당 작가의 마니아들에 의해서 생명력을 갖는다. 사람들이 별로 좋아하지 않는 작품이더라도, 소수의 마니아가 열광하면 명작이 된다. 그래서 난 비트코인은 예술품, 최소한 마니아들의 수집품과 같다고 보는 것이다.

 # 비트코인은 우리의 한계를 비춰주는 거울

비트코인이 태어난 지 15년이 넘었다. 그동안 사람들은 비트코인에 대해 여러 이야기를 듣고 판단해왔다. 하지만 그 대부분의 판단은 틀렸다. 사회적으로든, 기술적으로든, 경제적으로든, 투자적으로든, 그게 어떤 측면이 되었든 간에 비트코인에 대한 판단이 맞았다면, 그 사람은 지금 최소한 먹고살 걱정은 하지 않는 부자가 되었을 것이다. 몇천 원, 몇만 원 하던 것이 지금 1억 원이 넘었는데, 이렇게 오른 종목이 바로 옆에 있었는데 부자가 되지 못했다는 건 말이 안 되지 않은가. 지금 부자가 되지 못했다면 비트코인에 대한 판단에 오류가 있었다는 것을 말해준다.

그런 점에서 난 비트코인이 우리의 현재 문제점을 알려주는 거울이 될 수 있다고 본다. 비트코인에 대한 판단이 왜 틀렸는지를 살펴본다면, 우리 자신의 약점을 파악하고 사고 오류를 수정할 기회를 얻을 수 있을 것이다. 그런 점에서 비트코인은 우리 자신을 돌아보게 하는 거울이다. 그럼 사람들의 판단에 어떤 오류가 있었는지를 각각의 경우에 따라 살펴보자.

첫째, 비트코인은 곧 사라질 거라고 예측한 사람들이 있다. 비트코인이 현실의 화폐를 대체한다는 게 말이 되는가. 국가, 정부에 기반하지 않는 화폐라는 게 말이 되는가. 정부의 권위와 신뢰에 바탕을 두지 않는 화폐는 존속할 수 없다. 비트코인은 곧 신뢰를 잃고 사리질 것이다. 혹은 비트코인이 사기 등에 활용되는 것을 보니 조만간 정부의 규제에 의해 없어질 것이다. 이렇게 판단했다.

그런데 비트코인은 아직까지 건재하다. 그냥 사라지지 않은 정도가 아니라 오히려 계속해서 성장하고 가치를 높여왔다. 사라지리라 예상했던 것이 세계 자산 가치 10위권 이내까지 성장했다. 이건 비트코인이 사라질 것이라는 판단에 심각한 오류가 있었다는 것을 반증한다. 이렇게 성장한 비트코인을 왜 별 가치가 없다고 생각했을까? 왜 비트코인은 예상처럼 망하지 않고 오히려 성장했을까? 내가 틀린 이유는 무엇일까? 이 질문은 앞으로 사회를 해석하고 판단하는 데 큰 성찰의 기회가 될 것이다.

이 점과 관련해 아직까지도 비트코인은 망할 거라는 판단을 유지하는 사람들이 있다. 단지 지금까지 망하지 않았을 뿐이라는 것이다. 가까운 미래에는 반드시 사라질 것이기에 자신의 판단이 틀리지 않았다고 주장하는 사람들이다. 하지만 설사 정말로 그 주장이 맞다 하더라도, 최소한 지금까지의 비트코인 성장세는 자신의 판단과 완전히 달랐다는 것은 인정해야만 할 것이다. 앞으로는 망할 거라 해도 어째서 지금까지는 비트코인이 자신의 판단과 다른 궤적을 보였는가에 대해서는 돌아볼 수 있다. 어쨌든 자신의 판단에 무언가 큰 문제가 있었다는 것은 분명하다. 스스로를 돌아보고 나의 문제가 무엇인지 파악해야 한다.

둘째, 비트코인에 대해 아예 몰랐던 사람들이 있다. 좀 더 일찍 알았다면 비트코인을 사 놓았을 텐데 몰라서 그러지 못했다. 비트코인을 일찍 알았다면 부자가 될 수 있었는데 알지 못했다. 지금은 너무 비싸서 사기 어렵다. 몰라서 기회를 놓쳤다.

이렇게 생각한다면 한번 돌아보자. 왜 자신은 비트코인을 알지 못했을까? 정말 많은 사람들이 초기부터 비트코인 숭배자로 활동했고, 투자도 했다. 2010년대 초반부터 언론에 계속 기사가 나왔고, 2013년도부터는 비트코인 관련서들도 발간되기 시작했다. 그런데 왜 나는 몰랐을까?

IT나 투자 쪽으로는, 혹은 사회 현상에 대해서는 아예 관심이 없어서 몰랐다는 것도 변명이 되지 않는다. 2017년 말, 사회는 비트코인으로 인해 홍역을 앓았다. 사회에 관심이 없어도 이때는 언론이건 방송이건 인터넷이건 모두 비트코인에 대해 이야기했기 때문에 더 이상 비트코인에 대해 모를 수는 없었다. 그리고 이때부터 비트코인을 알게 되었어도 아무 문제가 없었다. 실제 많은 사람들이 이때 비트코인을 처음 알게 되었다. 또 이때의 가격은 1000만 원대였다. 이때부터 알았어도 지금 부자가 되는 데는 큰 문제가 없다.

나는 왜 비트코인에 대해 알지 못했을까? 알게 되었다 하더라도 왜 다른 사람들보다 훨씬 늦었을까? 이건 자신의 정보 수집 과정과 능력에 뭔가 문제가 있다는 걸 의미한다. 최소한 자신이 내 분야에만 관심을 가지고, 그 이외에 대해서는 완전히 관심을 끄고 산다는 정도의 성찰은 할 수 있을 것이다.

셋째, 비트코인의 미래에 대해 긍정하면서도 사지 않았던 사람들이 있다. 비트코인을 몰라서 안 사는 건 당연한 일이다. 알기는 하지만 부정적으로 보고 있다면 사지 않을 것이다. 하지만 비트코인에 대해 긍정적이고 그 미래를 좋게 보면서도 사지 않은 사람들이 있다. 의외로 이런 사람들이 많다. 비트코인이 잘될 거라고 굳게 믿었지만 사지는 않았다. 설사 샀다 하더라도 아주 조금만 샀다. 그래서 자기도 비트코인이 있다고 말은 할 수 있지만, 재산 증식 효과는 전혀 없는 사람들이다.

이런 사람들은 자기 자신에게 계속 질문해보자. 난 왜 비트코인에 대해 잘 알고 그 미래도 믿었으면서 정작 사지는 않았을까? 비트코인의 미래를 믿었다고는 하지만 정작 그 믿음이 별로 강하지 않아서일 수도 있고, 아는 것과 행동하는 것이 전혀 별개여서일 수도 있다. 그러면 단순히 아는 것을 벗어나 행동하기 위해서는 무엇이 필요한지, 자신의 어떤 한계점 때문에 알고 있어도 행동하지 못하는지 돌아볼 수 있다.

넷째, 비트코인을 잘 알고 사놓기도 했다. 하지만 오래 들고 있지 못하고 조금 오르니까 팔아버린 사람들이 있다. 이런 사람들도 굉장히 많다. 특히 비트코인 초기 투자자 대부분이 이렇다. 초창기에 많이 사놓기는 했지만, 100만 원, 1000만 원으로 크게 올랐을 때, 큰 수익을 보고 팔아버렸다. 1억 원이 훨씬 넘는 지금 시점에서 보면 굉장히 빨리 판 것이라 엄청 후회되지만, 당시에는 정말 큰 수익을 보고 만족하면서 팔았다. 어떻게 보면 비트코인 투자와 관련해서 가장 억울한 사람은 이들이다. 큰 부자가 될 수 있는 기회를 잡았는데 스스로 그 끈을 놓아버린 것이다. 나는 왜 비트코인을 오래 들고 있지 못했을까? 비트코인을 믿었는데 왜 빨리 팔았을까? 스스로에게 물어보고 그런 실수를 다시는 저지르지 않도록 그 해답을 찾아보자.

다섯째, 많은 사람이 2017년 비트코인 신드롬이 터졌을 때 비트코인을 알게 되어 투자를 시작했다. 그 이후부터 지금까지 비트코인은 10배가 넘게 올랐다. 연 35%의 엄청난 수익률이다. 그런데 이런 수익률을 달성한 사람은 거의 없다. 분명히 비트코인은 8년 사이에 10배가 넘게 올랐는데, 웬일인지 이익이 아니라 손실을 본 사람이 더 많다. 이건 자신의 투자 방식과 행태에 뭔가 심각한 문제가 있다는 걸 반증한다. 비트코인을 사고팔긴 했는데, 비쌀 때 사서 쌀 때 팔았다. 그냥 사놓고 가만히만 있었어도 큰돈을 벌 수 있었는데, 사고팔고 하느라 오히려 손실을 보았다. 나의 매수, 매도 판단에 어떤 오류가 있는 걸까. 그걸 파악하고 수정할 수 있으면 성공적인 투자자로 다시 거듭날 수 있을 것이다.

비트코인에 대해 만족할 수 있는 사람은 많지 않다. 왜 난 그때 비트코인을 알지 못했지? 왜 그때 비트코인을 사지 않았지? 왜 그때 비트코인을 더 많이 사놓지 않았지? 왜 비트코인을 그때 팔았지? 후회와 회한을 안겨주는 비트코인이지만, 한편으로는 우리 자신의 한계점을 돌아보고 성찰할 수 있게 해준다. 그런 측면에서 비트코인은 우리의 현재 상태를 선명하게 비춰주는 훌륭한 거울이다.

# 비트코인의 미래를 가르쳐주는 나라

지금까지 비트코인이 정치·사회·경제·투자적 관점에서 어떤 의미를 지니고 있는가를 살펴보았다. 비트코인은 단순한 화폐 대체 상품, 투자 상품이 아니다. 국가로부터의 자유를 의미하고, 또 국가 통제로부터의 이탈을 의미한다. 비트코인은 우연히 만들어진 게 아니다. 국가의 통제에서 벗어나고 싶어 하는 일단의 사람들의 오랜 염원이 현실화되어 태어난 것이 비트코인이다. 만들고 보니 국가로부터 자유로운 성격을 띠었던 게 아니라, 처음부터 국가로부터의 자유라는 목적과 의도에 의해 만들어진 것이다.

그렇다면 이런 정체성을 가진 비트코인은 어느 나라에서 제대로 활용될 수 있을까. 시민 개개인의 자유보다 국가의 통제와 질서를 중시하는 나라에서는 비트코인이 제대로 힘을 쓰지 못한다. 아무리 비트코인에 국가의 통제에서 벗어날 수 있는 기능이 있다 하더라도, 국가가 정말로 비트코인을 통제하려 하면 충분히 할 수 있다. 세계 전체, 혹은 다른 나라의 비트코인은 건들기 힘들지만, 자국 내에서는 충분히 통제할 수 있다. 비트코인의 거래를 금지하는 법률을 제정하거나 행정명령만 내려도 된다.

물론 100% 막지는 못할 것이다. 아무리 비트코인 거래가 불법이라 하더라도 사람들 사이에서 알음알음 이루어지는 거래는 정부라 하더라도 어쩔 수 없다. 살인, 강도, 절도 등의 범죄는 어느 나라에서든 불법이다. 하지만 어떤 나라도 이런 불법 행위를 0%로 만들지는 못한다. 아무리 국가의 힘이 막강하다 하더라도 이런 불법 행위를 근절할 수는 없다. 극소수만의, 아주 예외적인 경우로만 만들 수 있을 뿐이다.

마찬가지이다. 국가가 자국 내에서의 비트코인 거래를 금지한다 해도 비트코인은 살아남을 수 있다. 하지만 이런 경우가 되면 비트코인은 절대 일반화될 수도, 투자 대상이 될 수도 없다. 비트코인이 아무리 미래 전망이 좋다고 해도, 국가가 적극적으로 막으면 비트코인에 대한 꿈은 접어야 한다.

비트코인이 성장할 수 있는 사회는 국가의 통제력에 한계가 있다는 것을 받아들이고, 국가의 통제가 적용되지 않는 영역을 인정하는 사회이다. 비트코인이 국가에 적대적이고 국가의 재량권을 축소하는 기능을 가지고 있다는 것을 알면서도, 그걸 그대로 인정해 줄 수 있는 사회이다. 그 이유는 국가가 관대해서일 수도 있고, 국가가 스스로 그런 능력이 없다고, 즉 자신의 무능을 인정해서일 수도 있다. 어쨌든 국가가 자신을 인정하지 않는 세력을 탄압하지 않고 그대로 받아들이는 사회가 있다. 좋아서 받아들이는 건 아니지만, 어쨌든 그 반대 세력을 일부러 탄압할 필요는 없다고 생각하는 사회이다. 비트코인은 그런 나라에서 힘을 키워나갈 수 있다. 이런 나라들이 있으면 다른 나라에서 비트코인을 금지하더라도 별 상관없다. 비트코인을 금지하는 국가에서는 비트코인이 힘을 잃겠지만, 그래도 세계적으로는 힘을 키워나갈 수 있다. 이때 비트코인은 정말로 대체화폐로 기능할 수 있고, 투자 대상도 될 수 있다.

그럼 어떤 나라에서 비트코인이 인정될 수 있는가? 국가의 통제와 질서 유지보다 시민의 자유를 더 중요하게 생각하는 나라, 아니, 더 중요하지는 않더라도 어쨌든 시민의 자유를 인정하는 나라, 최소한 국가의 권위나 재량권이 줄어드는 것을 감수할 수 있는 나라는 어디일까?

한국이 이런 나라라고 말하고 싶다. 그러나 미안하다. 한국은 국가의 통제와 질서가 더 중요한 나라이다. 국가의 통제에서 벗어나 있는 영역을 인정하기 어려운 나라이다. 하지만 이런 이유로 한국을 비판할 수는 없다. 국가의 통제와 질서가 더 중요한 나라는 비단 한국만이 아니다. 아시아 국가들이 모두 다 그렇다. 물론 정도의 차이는 있다. 중국은 한국보다 국가 통제가 훨씬 강하다. 중동 국가들은 중국보다 강하면 강했지 약하지 않다. 상대적으로 한국은 그래도 나은 편이다. 그러나 그건 어디까지나 같은 아시아 국가들 사이에서 그렇다는 것이다. 절대적 수준에서는 여전히 한국은 국가의 통제가 강한 나라에 속한다. 아시아에서 상대적으로 가장 국가의 시민 통제가 덜한 나라는 일본이다. 그다음이 한국이 아닐까 한다.

아시아의 다른 나라들 중에서는 국가 통제가 잘 안 되고 질서가 유지되지 않는 나라들이 많다. 하지만 그게 국가 통제보다 시민의 자유가 더 중요해서는 아니다. 그냥 국가가 힘이 없고 능력이 부족해서이다. 힘이 없어서 못 하는 것과 힘이 있지만 안 하는 것은 차이가 크다. 지금은 힘이 부족해 시민들을 방치하고 있지만, 힘만 생기면 바로 통제하려 들 거다. 이런 경우 지금 비트코인이 자유롭게 거래된다고 해서 그 미래를 긍정적으로만 보아서는 안 된다.

아시아만이 아니라 아프리카 국가, 중남미 국가도 마찬가지이다. 개인의 자유보다 국가가 더 중요하다. 국가로부터 개인이 빠져나가는 걸 인정하기 어렵다. 이런 나라 중에서 현재 국가의 간섭이 적은 경우가 있는 것은 마찬가지로 국가의 힘이 부족하기 때문이다.

사실 전 세계적으로 볼 때, 국가보다 시민의 자유가 더 중요하다는 발상, 즉 시민 자유의 영역을 인정하고 국가는 그 영역을 건드릴 수 없다는 생각은 굉장히 희소하다. 전 세계에서 이런 발상을 하고 정말로 시민의 영역을 어느 정도 존중하는 곳은 서유럽뿐이다. 서유럽이라고 했지만 실제로는 영국이다. 서유럽의 다른 국가들은 원래 강력한 왕정 국가들이었지만 근대 영국의 발전을 보고 모방하려 하면서 시민사회를 성립시켰다. 국가보다 시민의 자유가 더 중요하다는 것이 국가 전통이었던 곳은 영국, 그리고 영국의 식민지였던 캐나다와 미국이다.

다른 나라들은 국가 정책의 재량권, 특히 통화정책의 재량권에 심각한 영향을 미치는 비트코인에 적대적일 수 있다. 이 적대감으로 비트코인을 금지하거나 불법화할 가능성이 높다. 이런 불법화의 가능성에서 가장 멀리 떨어진 국가가 영국과 미국, 캐나다라고 보면 된다. 물론 이들 국가도 비트코인을 불법화할 수 있다. 그 정도로 비트코인은 국가의 화폐 시스템에 위협적이다. 하지만 이들 세 국가가 비트코인을 불법화하는 건 전 세계에서 가장 마지막일 것이다.

영국, 캐나다, 미국 중에서도 실질적으로 가장 중요한 나라는 미국이다. 미국이 중요한 건 두 가지 이유에서이다. 전 세계 국가 중에는 미국의 영향으로 정책을 결정하는 곳들이 많다. 어쨌든 미래를 변화시키는 신기술은 미국에서 만들어지고 보급된다. 미국에서는 하고 있는데 자기 나라에서 금지하면 세계적인 흐름에서 뒤처질 수 있다. 미국에서 활성화하면 자기도 활성화하려 하고, 미국에서 금지하면 따라서 금지하는 식으로 정책을 펼치는 국가들이 예상외로 많다. 아시아에서도 정부가 통제하지 않는 영역이 많이 있는데, 이건 대부분 스스로 판단해서가 아니라 미국을 따라 한 결과이다. 이런 나라들은 미국이 비트코인을 인정하면 자기도 인정하고, 미국이 금지하면 자기도 금지한다. 그래서 미국이 중요하다. 미국의 선택에 따라 세계 많은 나라들의 정책도 결정된다. 미국을 따라가지 않는 국가도 많지만, 따르는 국가만으로도 세계 절반 이상은 된다. 그 정도만 되어도 비트코인 전선에는 아무 문제가 없다.

다른 하나는 세계 금융시장에서 가장 돈이 많은 국가가 미국이라는 사실이다. 미국 자본 시장의 돈이 어디로 흘러가느냐에 따라 투자 상품의 가격대가 정해진다. 다른 나라들이 아무리 다 비트코인을 인정해도, 미국이 인정하지 않고 그래서 미국 자본이 비트코인에 들어가지 않으면 비트코인의 가격 상승에는 한계가 생긴다. 다른 나라들은 모두 비트코인을 금지하고 미국만 인정해도, 미국 자본이 비트코인에 몰리면 그 가격은 오른다. 그 정도로 전 세계 투자 생태계에서 미국 자본이 차지하는 비중은 엄청나다. 예를 들면, 비트고인 ETF는 미국에서 처음 출시된 게 아니다. 캐나다, 독일 등에서 먼저 출시되었고, 그 나라 기업들은 비트코인 투자가 쉬워졌다. 하지만 비트코인 가격에는 큰 영향이 없었다. 그 나라들에서는 비트코인 투자가 늘어났지만, 국제 시장 가격에는 별 영향을 주지 못했다. 그런데 미국에서 비트코인 ETF가 출시되고, 미국 자본이 사기 시작하자 비트코인 가격은 폭등했다. 다른 나라 자본은 국제 상품인 비트코인 가격에 별 영향을 주지 못한다. 하지만 미국 자본은 중대한 영향을 미친다. 미국을 중점적으로 봐야 하는 이유이다.

결국 비트코인의 미래를 예측할 때 바라봐야 하는 나라는 미국이다. 미국이 비트코인에 긍정적이면 비트코인은 괜찮다. 혹 미국이 부정적으로 보더라도 실제적인 규제와 통제가 이루어지지 않으면 괜찮다. 단, 미국이 비트코인을 강하게 통제하려 들면 그때는 끝물이라고 봐도 된다. 미국이 비트코인을 금지하면 비트코인은 끝이다. 미국이 비트코인을 금지하더라도 미국 외의 지역에서는 비트코인이 계속 채굴되고 거래될 수 있다. 하지만 미국이 비트코인을 금지하면 미국을 따라 세계 많은 나라들도 비트코인을 금지할 것이다. 그리고 설사 비트코인이 미국 밖에서 거래될 수 있다 해도, 미국 자본이 비트코인에 접근할 수 없으면 가격은 절대 현재 수준으로 유지될 수 없다.

미국 외의 다른 나라들이 비트코인에 어떤 조치를 취하느냐는 그렇게 중요하지 않다. 단기적으로는 충격을 주겠지만, 장기적으로는 별 영향이 없을 것이다. 세계 두 번째 경제 대국으로 G2로 인정받는 중국이 비트코인을 금지하고 있지만, 비트코인 가격은 여전히 오르고 있다는 사실이 그 증거이다. 하지만 미국이 금지하는 건 다른 이야기이다. 그때는 아무리 비트코인이라 하더라도 생존이 어려워진다. 비트코인과 관련해서는 미국만 보면 된다. 다른 나라들의 입장은 크게 신경 쓰지 않아도 된다.

미국의 비트코인 정책만큼은 주의 깊게 지켜보자.

나가는 글

나 같은 사람이 있는 한,
비트코인은 계속 살아남을 것이다

1970년대, 한국에서는 우표 수집이 유행이었다. 그런데 한국만이 아니었다. 세계적으로도 붐이었다. 초등학생을 포함해 많은 사람들이 우표 수집에 열을 올렸다. 우체국에서 새로운 우표가 나올 때마다 달려가 샀고 우표 앨범에 고이 잘 보관했다. 우표는 발행될 때는 싸지만, 시간이 지나면 가격이 올라간다. 오래되고 희귀할수록 가치가 올라간다. 지금 사서 잘 보관하면 몇십 년 후에는 큰 재산이 될 거라고 기대했다.

지금 2020년대, 우표 수집에 관심을 가지는 사람은 찾아보기 힘들다. 아니, 우표 쓸 일이 없는 시대가 되면서, 우표가 아직도 발행되냐고 반문하는 이들도 있을 것이다. 우표 수집의 시대는 완전히 지나가버렸다. 또한 1970년대에 발행된 우표는 거의 가치가 없어졌다.

당시 워낙 많은 사람이 우표 수집에 나섰기 때문에 당시 발행된 우표는 아직까지 많이 남아 있어 가격이 굉장히 낮다. 당시 우푯값 20원보다는 비싸지만, 물가를 감안하면 그냥 그 가격이다.

그럼 지금은 우표 수집이 완전히 사라졌고, 옛 우표들도 가치가 없어졌는가? 그건 아니다. 전 세계적으로는 우표 수집가가 여전히 많다. 1970년대처럼 일반인들이 우표 수집에 나서는 일이 없어졌을 뿐, 우표 마니아, 수집가들은 여전히 존재한다.

일반인들의 우표 수집이 사라지면서 우푯값은 떨어졌을까? 그것도 아니다. 세계적으로 희귀한 우표는 여전히 엄청난 고가이다. 1970년대 우표는 사람들이 많이 사서 보관했던 탓에 흔해서 가격이 낮은 것이다. 우표 수집은 사람들의 관심에서 멀어졌지만, 수집 대상이 되는 희귀한 우표는 여전히 비싸다. 우푯값은 대중의 관심도에 의해 결정되는 게 아니다. 소수의 마니아들, 수집가들에 의해 정해진다. 2024년 6월에는, 1868년 미국에서 발행된 희귀 우표가 약 58억 원에 거래되기도 했다. 우표 수집은 전 세계 마니아들 사이에서는 여전히 '핫'하다.

비트코인은 어떨까? 지금 사람들은 비트코인에 대해 많이 알고 있고, 또 투자도 한다. 이건 한때의 유행일까, 아니면 오랫동안 지속될 미래 현상일까? 앞으로도 오래 지속된다면 걱정할 건 없다. 다만 한때의 유행이라면 걱정이다. 한때의 유행이라 앞으로 비트코인에 대한 사람들의 관심이 사라진다면, 현재의 비트코인 가격도 유지될 수 없는 것 아닐까. 지금은 비트코인이 1억 원이 넘는 고액이지만, 나중에는 100만 원 이하로 폭락할 수도 있다. 그럴 가능성이 있다면 지금 비트코인을 건드려서는 안 된다. 투자를 하더라도 장기적으로 보유하지 말고, 단기적 투자로 해야 한다.

그런데 일반 사람들 사이의 유행 여부에 따라 비트코인의 가격이 결정될까? 우표를 보자. 우표는 대중의 유행 여부에 의해 가격이 결정되지 않았다. 1970년대에 우표 수집이 사회적으로 유행할 때도 희귀 우표는 비쌌고, 대중의 관심이 사라진 2020년대에도 희귀 우표는 비싸다. 마니아들은 우표 수집이 유행하거나 말거나 상관하지 않는다. 그리고 그 가격은 이들 마니아들 사이의 경쟁에 의해 정해진다.

비트코인도 마찬가지이다. 일반 대중들의 관심과 관계없이 비트코인을 좋아하고 가지려 하는 집단이 있으면 비트코인은 계속 유지된다. 이들이 어떤 가격을 치르더라도 가지고 싶어 하면 비싸진다. 우표 마니아 같은 집단들이 비트코인에도 존재하느냐가 그 미래를 결정한다.

그럼 비트코인 마니아는 존재하는가. 대중의 관심과 관계없이 무조건 비트코인을 지지하고 보존하려는 사람들이 다수 존재하는가? 내가 이 책에서 말하고 싶은 건 비트코인 세계에는 그런 마니아 집단이 분명 존재한다는 사실이다.

비트코인은 세계정부를 지향하는 사람들, 전 세계 동일체를 주장하는 사람들에게 아주 매력적인 상품이다. 정부의 통제를 받지 않는 인터넷 세계를 추구하는 사람들에게 이상적인 상품이다. 기존 중앙정부가 지배하는 화폐 시스템을 싫어하는 사람들에게 비전을 제시해주는 상품이다. 물론 이런 사람들이 다수인 건 아니다. 하지만 분명 세계적으로 적지 않게 존재한다. 이들에 의해 비트코인은 만들어졌고, 또 발전해왔다. 지금 일반인들에게 이들은 잘 보이지 않는다. 하지만 이들이 비트코인의 숨은 힘이고, 그 미래를 결정할 사람들이다.

대부분의 사람에게 비트코인은 계속 가격이 오르는 매력적인 투자 상품이다. 하지만 이것이 비트코인의 장기적 운명을 말해주지는 않는다. 가격이 오랫동안 더 이상 오르지 않으면 언제든 사람들은 비트코인을 떠날 것이다. 1970년대 우표에 열광했던 사람들이 지금 더 이상 우표를 쳐다보지 않듯이, 그렇게 변할 것이다.

하지만 세계정부나 인터넷 독립을 추구하는 사람들, 중앙정부의 통제에서 벗어나 자유를 추구하려는 사람들은 일반인들 사이에 비트코인이 유행하거나 말거나 상관하지 않고 비트코인을 지지하고 보유한다. 이들 사이에 자산가들이 있고, 자산가 마니아들이 계속 비트코인을 구매하면, 비트코인 가격은 여전히 고가가 된다. 비트코인은 공급이 고정된 희귀 한정품이라는 걸 잊어서는 안 된다. 마니아 그룹이 있는 희귀 한정품 가격은 비쌀 수밖에 없다.

비트코인이 앞으로도 사람들 사이에 크게 이슈가 되고 관심의 대상이 될지는 모르겠다. 조금 오래가는 유행에 그칠 가능성도 있다. 그렇다고 해서 비트코인의 미래에 대해 불안해하지는 않는다. 우표가 여전히 마니아들 사이에서 잘 거래되고 있는 것처럼, 비트코인도 유행과 관계없이 마니아들 사이에서는 여전히 가치를 인정받으며 가격이 형성될 것이다.

사실 나도 중앙정부의 통제가 없는 인터넷 세상을 지지한다. 또 정부가 조절하지 않는 화폐가 있었으면 좋겠다고 생각하는 사람이다. 나에게 비트코인은 내 이상을 반영하는 상품이다. 그래서 나는 비트코인이 유행하든 말든 그것을 지지한다. 나 같은 사람이 세상에 존재하는 한, 비트코인은 계속 살아남을 것이다. 나는 그렇게 본다.

2025년 7월
저자 씀

tg 002

50만 원에 산 비트코인
1억 원이 넘어도 안 파는 이유:
100억대 자산가 최성락의 비트코인론

초판 1쇄 발행 | 2025년 8월 11일

지은이 최성락

펴낸이 김성수
펴낸곳 여린풀
출판등록 제2024-000243호
이메일 tendergrass001@gmail.com

ISBN 979-11-992406-2-9 (03320)
ⓒ 최성락, 2025

- 이 책은 저작권법에 따라 보호받는 저작물이므로 무단 전재와 복제를 금합니다.
- 이 책 내용의 전부 또는 일부를 사용하려면 반드시 여린풀의 서면 동의를 받아야 합니다.
- 잘못 만들어진 책은 구입하신 서점에서 교환해드립니다.
- 책값은 뒤표지에 있습니다.